誰も知らない特攻

島尾敏雄の「震洋」体験

馬場明子

未知谷
Publisher Michitani

はじめに

私は十七年前、「幻の特攻艇震洋《しんよう》の足跡」をテーマに、テレビドキュメンタリーを制作した。敬愛する作家の島尾敏雄が、太平洋戦争の時、震洋特攻隊の隊長だった体験をもとに名作を残していたからだ。以来、「震洋」の二文字が心の底に沈み、そのままになっていた。

ところが、最近、島尾敏雄の小説「鬼剥げ」の豆本を入手して、開くなり、「特攻」だと思った。衝撃だった。というのは、挿絵が画家の池田龍雄氏だったからだ。池田氏といえば、海軍航空隊の特攻隊員だった経歴を持つ。海と空との違いはあれ、先の大戦で特攻を命じられ、突撃前に敗戦を迎えた体験も一緒である。

心の底に眠っていた「特攻」が目を覚ました。これが、「震洋」をもう一度きちんと記録しようと思ったきっかけだ。

すると、まるで導かれたように、しまいっぱなしになっていたテレビ局時代の「震洋」の資料が出て来たのだ。更に、導かれるように、「震洋会」の元副会長で「写真集人間兵器震洋特攻隊」をまとめ上げた荒井志朗氏の連絡先が見つかった。ドキュメンタリー制作に当って、随分お世話になった方だ。お元気であれば、もう九十歳を越えていらっしゃるだろう。かつて頂いた手紙に住所と電話番号が書いてあったので、思い切って電話をしてみた。

「はい、荒井です」。十七年前のお声だった。

残念な事に、私のことはもうお忘れだったが、「震洋の話を伺いたい」と申し出ると、「もう、九十二歳になりましたから、全部忘れていますよ」とおっしゃりながら、会うことを承諾してくださった。

埼玉のお宅を訪ねると、あの時の荒井氏が背筋をしゃんと伸ばした姿で出迎えてくださった。感激だった。「『震洋』のことを書きたい」と話すと、「私が十七歳で兵隊になったんですから、震洋隊の中では一番若いと思いますよ。その私が九十二歳なんですから、他の人達は生きていても百歳以上ですよ、亡くなっていますよ」と、「九十二歳なんですから」を、何度も繰り返された。そうして、「もう『特攻隊』なんていう話はわかんない、誰も知りませんよ。まして、『震洋』なんて。若い人は、『戦争』だって知らないんですから」。

私は改めて歳月が流れたことを思い知った。「あれほど熱心に全震洋隊のことを調べ上げ、基地跡のほとんどを訪ね、記録されたのに……」

でも、その時の「もう誰も知りませんよ」の言葉に私は奮起した。今、記録に残さなければ、本当に「誰も知らなく」なってしまう。それは、いやだ。

そう思って、島尾敏雄の作品を幾度も読み返し、遺作となった『震洋発進』が、極めて記録性の高い第一級のルポルタージュであることに気づかされた。

そこで、『震洋発進』に書かれた島尾敏雄の言葉を手がかりに、改めて「幻の特攻艇震洋の足跡」をたどってみようと思う。

誰も知らない特攻

目次

誰も知らない特攻

島尾敏雄の「震洋」体験

第一章

特攻への道

「私は震洋隊設定当初からの要員に属した」

島尾敏雄と「震洋」

日本が真珠湾攻撃を行った一九四一（昭和一六）年十二月八日、ラジオは「臨時ニュースを申し上げます。臨時ニュースを申し上げます。大本営陸海軍部、十二月八日午前六時発表。帝国陸海軍は、本八日未明、西太平洋においてアメリカ、イギリス軍と戦闘状態に入れり」と伝えた。太平洋戦争の始まりである。

この放送を、九州帝国大学二年生だった島尾敏雄《しまおとしお》は福岡市の下宿先で聞いた。それからおよそ一年半後の一九四三年（昭和一八年九月三十日）、九帝大を繰り上げ卒業し、海軍兵科予備学生を志願。以来、敗戦までの二年間を海軍の「震洋隊《しんようたい》」要員として、特攻への道をひた走る。

しかし、同じ特攻でも、航空機での「神風《しんぷう》」や人間魚雷「回天《かいてん》」などに比べて「震洋《しんよう》」はほとんど知られていない。なぜか？　語る人や記録が極めて少ないからだ。そんな中、私に「震洋特攻隊」の道案内をしてくれたのが、島尾敏雄の作品群だった。では、島尾敏雄とはどんな人物なのか。改めて紹介しよう。

一九一七（大正六）年横浜に生まれた島尾敏雄は、『死の棘』、『夢の中での日常』などで知られる昭和を代表する小説家だが、同時に先の大戦で「特攻」を経験した数少ない文学者でもある。彼は、特攻隊長の体験をもとにした『島の果て』、『出孤島記』、『出発は遂に訪れず』、『その夏の今は』など数多くの作品を残したが、中でも、晩年に発表した『魚雷艇学生』、『震洋発進』は極めて記録性が高く、「震洋」第一級の資料となっている。

魚雷艇学生

話を戻そう。一九四三年二十六歳の時、海軍兵科予備学生になった島尾は、呉海兵団を経て、旅順の兵科予備学生教育部で訓練を受けるが、終了間際に一つの選択を迫られている。

——旅順での教育の終わりの頃、そのあとに進む術科学校の希望を呈出させられた際、私は暗号と一般通信（どちらも海軍通信学校に行くことになるが）、それに魚雷艇の三つを記入して出した。結果として私は魚雷艇に廻された。三千五百人程の第三期全予備学生の中から割り振られた三百人の仲間と共に、その訓練場所である水雷学校にはいったのは昭和十九年二月六日のことだ——

（『魚雷艇学生』）

この時点で、彼らは第一期魚雷艇学生、通称「一魚《いちぎょ》」と呼ばれた。しかし、そこは一番危険な配置だと言われていた。結局、この選択が、特攻への道の第一歩となる。「魚雷艇という名前は聞いたこともなかった」*という島尾だが、この時、日本は、アメリカ軍の魚雷艇攻撃に悩まされ続けていた。だから、その対抗策として小型魚雷艇を作り始めたのだ。二年間で一五〇〇隻の製造を目標にしたが、当時の日本の国力では、もはや達成不可能な数字だった。エンジンに適当なものが見つからず、生産が追いつかないのだ。このため、開発に当っていた技術中尉は割腹自殺したというから、いかに重圧が大きかったことか。結局、完成したのは五〇〇隻。以降、戦局の悪化で、魚雷艇の生産は中止された。この事が、「震洋」の生産へとつながっていく。

＊ 当時開発を進めていた乙型魚雷艇は、魚雷二本を持つ七名乗りの大型モーターボート。船体は木製、又は鋼製。長さ一八メートル、幅四・三メートル。尚、島尾が魚雷艇部に入る一年前の一九四三（昭和一八）年一月に、横須賀水雷学校に魚雷艇部が設けられている。

――前年十一月にマキン、タラワ両島の、また、十九年に入ってクエゼリン島などのそれぞれの海軍陸戦部隊の全滅が伝えられていたし、六月後半のマリアナ沖海戦での敗北はわれわれの訓練期間と重なるだけでなく、なお又日本海軍が潰滅的な打撃を受け、連合艦隊の組織的戦闘能力を喪失したレイテ沖海戦は目前の十月末に迫っていようという困難な時期に直

面していたのである。当然の結果として軍需生産力の低下に伴う早急の軍艦の補充など叶うわけがなかったのだから、木造の艇体で間に合う小型舟艇の魚雷艇に藁をもつかむような望みが託されたのも致し方のない成り行きだったのかも知れない。——(『魚雷艇学生』)

海軍最後の藁しべとなった小型魚雷艇は、その姿をやがて「震洋」に変えて行く。

島尾が魚雷艇学生になったのは、ちょうどその頃のことだ。

「震洋」誕生

魚雷艇製造が行き詰った海軍は焦っていた。そんな背景のもと、一九四四(昭和一九)年三月末、軍令部総長から海軍大臣に九項目の特攻兵器の製造要請がなされていた。その九項目のうちの四番目がマルヨン、後の「震洋」だ。秘密兵器らしく〇の中に四をいれて㊃とした。採用されるとすぐに、設計試作にとりかかった。では、どんな兵器だったのか。

マルヨン、後の「震洋」は海軍初、唯一の水上艇として開発された特攻兵器である。一型と五型の二つが造られたが、艇の先に二五〇キログラムの爆薬を積んで敵艦に体当たりする作戦だった。一型は一人乗り、五型は二人乗りだが、大きさは魚雷艇のほぼ三分の一。一型は、全長五・一メートル、幅一・六メートル高さ〇・八メートルのベニヤ板製の高速ボートで、エンジンには自動車（主にトラック）のものが使われた。速力は一六ノット（時速約三〇キロ）。一言でいうと、爆薬を積んだ体当りモーターボートである。一型なら一個隊に五〇隻、五型なら二五隻が配備された。隊員は五〇名の搭乗員の他に、本部隊員、基地隊員、整備隊員などで編成され、総数は一八〇人前後だった。

こうして、誕生した「震洋」は、一九四四（昭和

一型(改一)震洋艇

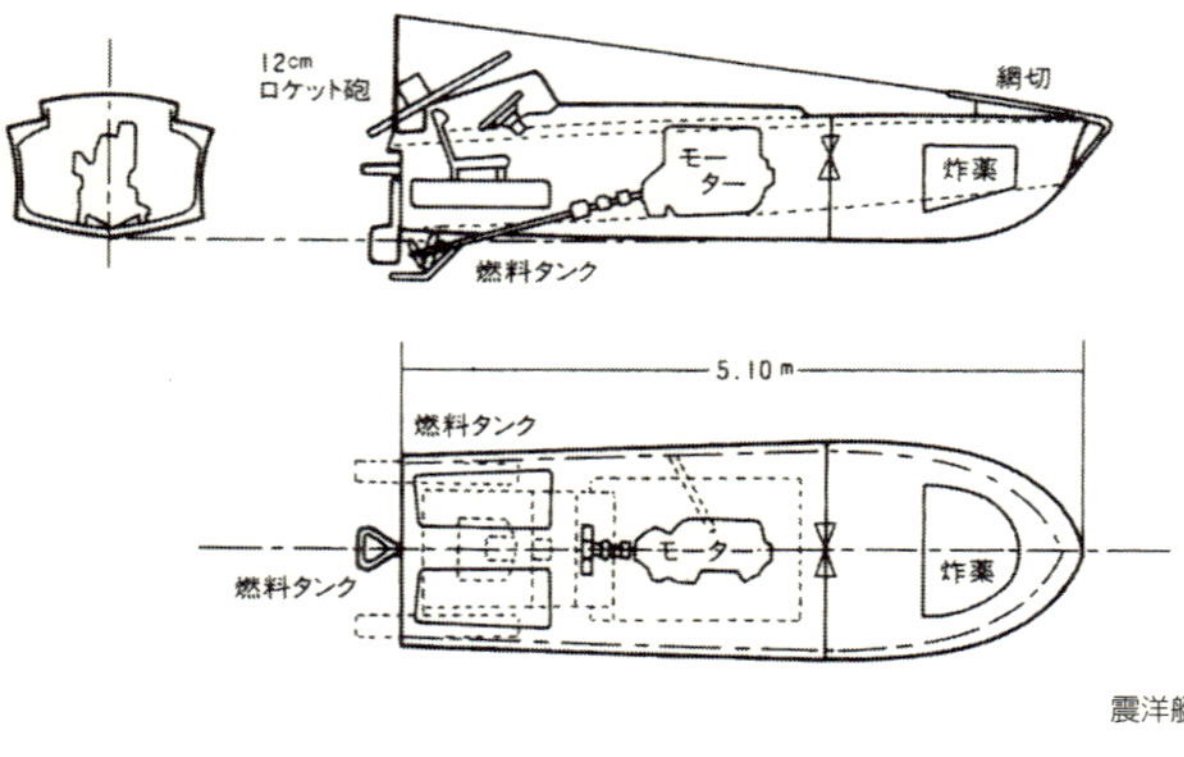

震洋艇設計図

震洋艇の制作風景

一九）年五月二十七日の海軍記念日にあわせて完成。試運転されるとすぐに量産体制に入った。比較的手に入れやすいベニヤ板とトラックの中古エンジンを使用した「震洋艇」は、驚くほどのスピードで生産されていく。「急げ急げ」の大号令のもと、六二〇〇隻もの艇が用意されたのだ。

着々と震洋隊体制が進む中、島尾は横須賀の水雷学校から長崎県大村湾沿いの川棚に設けられた「臨時魚雷艇訓練所」に移動を命じられる。訓練所に「臨時」とつけられている様に、開設されたのは一九四四（昭和一九）年の四月一日。島尾が到着した時、校舎はまだ工事中という慌ただしさだった。それからの二ヶ月間、大村湾内を魚雷艇で乗り回す訓練が続く。しかしその間、戦局は悪化の一途をたどっていた。そして、島尾の運命を決める日がやって来る。

ズラリと並んだ震洋艇

川棚　長崎県東彼杵郡にある大村湾北岸の町

特攻志願

――臨時魚雷艇訓練所の二ヶ月余りの生活の中で、ちょうど半ばに達した頃だったろうか、確かな日づけは覚えていないが、忘れることのできない一日があった。（中略）魚雷艇学生が特攻隊に志願することが認められたと言った。或いは許可すると言ったのだったか。（中略）要するに海軍は魚雷艇学生の中から特攻の志願者を募っているのだ――　（『魚雷艇学生』）

一本の藁しべの正体は、「特攻」だった。

――戦争は時の経過と共に過激にならない訳には行かず、特攻戦法は殊に日本人には似合ったやり方として認められる素地が既に準備されつつあったように思う。同期の予備学生の中では最も危険配置と言われた魚雷艇学生の、行きつく先が特攻であることはいくらかは予感されていたと言えなくもない。S少佐は特殊潜航艇のほかにも新しい特攻兵器が既に開発されていることも伝えた――　（『魚雷艇学生』）

新しい特攻兵器とは、「震洋」のことだ。軍としては、特攻は命令では無く、あくまでも本人の希望によるという建前があった。しかし、実際は強制に近いものだったという。尚、特攻兵器として正式に採用されたのは「震洋」が最初である。戦闘機零戦で体当たりする空の特攻より三ヶ月も早い決定だった。六月のある日、「特攻か否か」と提出を求められた島尾は、「志願致シマス」と書いて出した。

七月に入ると、新しい配置に向けて学生たちが川棚を次々と出発していく。特攻を志願した島尾の配置も決定する。

――事態は確実に進んでいたのだ。先ず最初に五十名の者が魚雷艇訓練から抜けて退所していった。P基地[*1]に行くということであった。（中略）彼らの兵器は甲標的[*2]だということであった。（中略）その前後に私もまた先の特攻志願は許可され、配置が決定した。マルヨンと呼ぶ高速小舟艇で数字の四を○で囲んであらわされるということであった。つまり㊃なのだ。（中略）季節は真夏に向かおうとしていたのに、学生舎の中は何やらあわただしく秋風が吹きはじめた感じになった。新しい配置に応じて、それぞれに赴任する学生たちの退所がなしくずしに行われだしたからである。そして私も含めた㊃配置の三十名[*3]が、再び横須賀田浦の海軍水雷学校行きを命ぜられて臨時魚雷艇訓練所を出たのは昭和十九年七月の十日のことであった――

（『魚雷艇学生』）

＊1　P基地とは、特殊潜航艇の訓練基地。昭和一八年呉市の大浦崎に、特殊潜航艇の建造を専門とする工場が完成し、その一帯はP基地と呼ばれる秘密基地で、甲標的などの特殊潜航艇の開発や訓練が行われた。

＊2　甲標的　大型潜水艦の補助兵器として開発された小型潜水艦。日米開戦の一年前から量産され、およそ百隻が建造された。乗組員二名で魚雷二本を搭載。真珠湾攻撃で戦果を上げた。しかし、乗組員の大半が死亡する実質は特攻兵器だった。

＊3　島尾と同じ第三期予備学生の中で第一期魚雷艇学生は二一三名いたが、内、「震洋」の隊長は五〇名を数え、震洋隊の中枢を担った。（数字は「震洋隊編成表」によった）

落胆

こうした流れを追っていくと、「私は震洋隊設定当初からの要員に属した」という島尾の言葉を控えめに感じるほどだ。「震洋」の登場と彼の運命はみごとに呼応している。島尾は「震洋」と併走しながら特攻への道をひた走った。そして七月十四日、川棚から再び、横須賀の水雷学校へ到着した島尾は、すぐに震洋艇に向かう。

――水雷学校参着の直後、わたしたちは心急かれるままにまず岸壁に出向いた。自分の命を終焉に導く快速特攻艇の姿を一目でも早く見たかったからだ。（中略）しかし私が見たのは、薄汚れたベニヤ板張りの小さなただのモーターボートでしかなかった。緑色のペンキも褪せ、甲板の薄い板は夏の日照りですでに反りかかった部分も出ていた。その貧弱な小舟艇の数隻がもやい綱につながれ、岸壁の石段のあたりで、湾内を航行する内火艇などの船尾の余波に押し寄せられ、不斉一に揺れ動いていた。私は何だかひどく落胆した。これが私の終の命を託する兵器なのか。思わず何かに裏切られた思いになったのがおかしかった。自分の命が甚だ安く見積もられたと思った。というより、果してこのように貧相な兵器で敵艦を攻撃し相応の効果を挙げ得られるだろうかという疑惑に覆われた……何だか精一杯力んでいた力が抜けていくふうであった。それもしかし今さら詮のない話だ。私の運命がしっかり固縛されたも同然であった。だから結局は目前の兵器で満足しなければなるまい、という考えに傾いて行った——

(『魚雷艇学生』)

荒井志朗氏（74歳）

そんな感想を抱いたのは、島尾だけではなかった。当時十七歳、第30震洋隊隊員だった荒井志朗氏も「震洋」を初めて見て、ショックを受けた。

「予科練に入ったんですけどね。新兵器も出来たって言うんでね。当時は日本とドイツとイタリアが同盟国だったんですよね。そういう時代ですよね。それで、飛行兵を志願したんですよ。結局、飛行機乗りになれなかったんですよね。どういう関係か？　今でもわからない。それで、飛行機に乗る前に新兵器が出来たっていうんですよね。それが、新兵器どころか、いわゆるモーターボートで……。そんなもの、見飽きるほど見てますからね。だまされたと思いましたよ。でも、一旦行くと言ったらいやだとは言えないですからね」

荒井さんは落胆しながらも、「戦いに参加する手段がこれしかないならしかたがない」と訓練に明け暮れた。

そんな荒井さんは、一九四四（昭和一九）年の秋に、予科練の副長から、「画期的な新兵器が完成した。訓練に合格すれば、貴様らはそれを操縦して第一線に行けるぞ」と言われ、志願するかどうかを問われていた。愛国少年だった荒井さんは迷うことなく、強く希望するという意味で◎を書いて提出した。パイロット志願だった少年たちの「新兵器」に対する憧れは強かったのだろう。なにしろ、同期生のほとんどは十七歳だったのだから。

荒井志朗氏搭乗員時代（17歳）

島尾は、「特攻」を志願するかどうかと聞かれ、不安を抱えながらも志願している。それは、一九四四年六月半ばのことだ。震洋の量産が始まった時期と重なっている。その時、上官から特殊潜航艇のほかにも新しい特攻兵器が既に開発されていることも伝えられていた。島尾も荒井氏も「新兵器」というイメージに命を託したことは間違いない。それだけ

に、目の前の「震洋」を見た時のショックは大きかった。

こうして、震洋隊員たちの「特攻」は、自分たちが命を託す兵器に完全に裏切られたところからスタートした。

知らされなかった「特攻」

しかし、荒井さんたちが志願した時には、「新兵器」が強調され、島尾の場合のように、「特攻」という表現は使われていなかった。少年兵の搭乗員たちには、知らされなかったのだろうか。

「新兵器と言う時は、特攻だとかいう言葉はなかったですよ。ただ、新兵器。当時、特攻隊という言葉はまだ無かったと思いますね」

第1震洋隊隊員として一九四四年九月一日編成され、小笠原に進出した山本重太郎さんは、こう証言した。

「『震洋』とか、全然知らないで行ったんです。もう極秘でね、全然知らないで行きました。特攻と言うことは隊に入って初めて知りました」

山本さんたちは「特攻」を志願したのではなく、現地でそれを知らされたという。因みに、山本さんは基地隊長で、位は兵曹長だった。海軍内部でも「特攻兵器」は極秘とされていたため、指揮官や部隊長候補のエリートには知らせても、他には伝えなかったのか。なにしろ、㊃が「震洋」という名に決まったのは、山本さんたちが訓練を終えた直後の一九四四年八月二十八日だったのだから、正式に伝える時間さえなかったのかもしれない。

どちらにしても、「震洋特攻隊」は、如何にも急ごしらえだったことがわかる。本土上陸をなんとか阻止するための「なしくずしの特攻」だったといえるのではないだろうか。ドタバタで全てが後手にまわっている。第1震洋隊が小笠原に基地を構えた正にその日、九月十三日に大森仙太郎中将を部長とする海軍特攻部が設置された。

第二章　フィリピン　コレヒドール

「元々、死に場所になるはずだった」

忘れられないできごと

こうして、一九四四（昭和一九）年九月から次々に「震洋隊」は編成され、基地に進出していった。

数えてみると、九月の編成は九部隊、十月の編成は一四部隊で、行き先は小笠原、フィリピン、奄美、沖縄方面。捷一号作戦、捷二号作戦*の前線基地ばかりで、戦局の窮迫ぶりが窺える。因みに、先述した第1震洋隊は、九月一日に編成され、その月の内に、小笠原父島に基地を構えた。

＊ 捷号作戦（しょうごうさくせん）とは、太平洋戦争末期にアメリカ軍の進攻に対して、大本営が立案した作戦の一つ。「捷一号作戦」とは、フィリピン方面防衛作戦で、昭和一九年十月十八日発動された。「捷二号作戦」とは、沖縄を含む南西諸島と台湾防衛作戦。他に、本州、四国、九州、小笠原諸島方面の「捷三号作戦」、北海道方面に対しての「捷四号作戦」が計画された。

そのころ島尾は横須賀の海軍水雷学校を退所し、八月十八日、長崎県川棚の「臨時魚雷艇訓練所」へ再び着任している。ここで、いよいよ川棚第三次の実戦訓練が開始され、一二隻の震洋艇を引率し、大村湾を疾走した。受け持った訓練隊員は横須賀鎮守府在籍の下士官たちだった。その間、島尾には「忘れられないできごと」があった。

——そのような雑然とした日々の中から、如何にして部隊が結成されて行ったかの筋道が私に順序よく思い出せないのはむしろ怪訝な位だ。実はその過程で私には忘れることのできない事態が起こっていたのに。というのは私が最初に担当した横須賀鎮守府籍の艇隊員を、同期生のNの受け持っていた佐世保鎮守府籍のそれと交換したという事実が存在するからだ。しかもその艇隊員の誰一人としてその名前を私が覚えていないのは奇妙でさえある。その上、それが極初期の頃だったのか、あるいはほぼ部隊の輪郭が形づくられつつあった時分だったのかさえもう思い出すことができない。結局私が交換した艇隊員を含めて編成された第十震洋隊はフィリピンのコレヒドール島で全滅してしまった——（『魚雷艇学生』）

Nとは、同期の中島始郎のことで、島尾は生涯、このことにこだわった。

震洋隊編成表を見ると、中島始郎の第10震洋隊の編成日は九月二十五日、島尾部隊は十月十五日。つまり、編成されたのは、第10震洋隊よりも二十日遅い。ということは、艇隊員を交換したのは、九月上旬だったのではないだろうか。この間、フィリピンのコレヒドール島には六部隊が派遣されている。島尾と同じ川棚で第三次の訓練を受けた第10と第11の部隊は、十一月一日にコレヒドールに到着後、玉砕している。島尾と艇隊員を交換した中島始郎も戦死した。

資料によると、コレヒドール島に派遣された「震洋」六部隊の戦死者は七四五名、生還者はわずか一八名となっている。これに、レガスピー派遣で海没戦死した九五名とフィリピンに向かう途中撃沈された三部隊を加えれば、一一四二名の戦死となり、「震洋特別攻撃隊」戦死者の半数に近い。フィリピンに向かった震洋隊の犠牲はそれ程に大きかった。それでも、後述する第12震洋隊は、特攻を行い、戦果を上げた。

コレヒドール島

地図を広げると、ルソン島南部のマニラ湾の入口に小さな島が見える。これが、コレヒドール島だ。面積は五・二平方キロメートル、周囲六キロメートルほどの小さな島でオタマジャクシのような愛らしい形をしている。「死の行進」で知られるバターン半島の南端マリベレスからは海を挟んでわずか四・五キロの位置だ。マニラに向かって来る船を阻止する要塞として機能していたことに納得がいく。

私は「震洋」をドキュメンタリーのテーマ（『幻の特攻艇震洋の足跡』）にするまで、コレヒドールのことは全く知らなかった。しかし、一七年前、テレビ取材のためにコレヒドールを

訪れた。「震洋隊」初出陣で特攻を果し、初戦果を上げたのだから、この地は外せない。しかし、その時受けた島の印象は、少し複雑なものだった。

島の観光バスが先ず案内するのは、大砲と戦車で埋め尽くされた戦跡だ。まさしく要塞。島のあちこちには弾痕も数多く残る。この地で「震洋隊」を含む日本兵が、陸海合わせて四四九七名死んでいったという血ぬられた島……。しかし、戦後五〇年以上を経た島は緑に覆われ、島のさえずりが絶えない。平和の中に、戦争があった。

次に島の歴史を簡単にたどってみよう。

島は、一八世紀スペインによって統治された。しかし、一八九八年の米西戦争の結果、スペインが敗れ、アメリカの支配地となる。その約四〇年後、フィリピンに侵攻した日本軍は破竹の勢いで米軍を破り、一九四二（昭和一七）年五月、島を日本の占領下に置く。この時のアメリカの将軍が、かのダグラス・マッカーサーで、島を脱出する時"I shall return"（必ず戻って来る）の言葉を残した。島には、マッカーサーの銅像があり、その言葉が刻まれている。開戦直後にフィリピンを占領した日本だったが、一九四四（昭和一九）年十月レイテ沖海戦に敗れ、再びアメリカに奪還されるという日米因縁の歴史を持っている。

「特攻」

これから「震洋」の初出撃を伝える訳だが、その前に、日本で初めて実行された特攻についてふれておきたい。すでに述べた様に、特攻兵器としての採用は「震洋」が最初だったが、太平洋戦で特攻作戦が初めて実行されたのは、海軍航空隊による特攻だった。一九四四（昭和一九）年十月二十五日で、「震洋」の特攻よりも四ヶ月早い。だから、「特攻」と言えば、誰もが、「神風特攻隊《しんぷうとっこうたい》＊」を思い浮かべる。これは零戦に二五〇キロの爆弾を積んで敵艦に体当たりする空の特攻のことだ。

昭和一九年十月、日本軍はレイテ沖海戦に背水の陣で臨んだ。フィリピンを失えば、シーレーンを奪われ、資源ルートを断たれてしまう。もう後が無い最後の決戦場だった。そこで、日本軍は初めての特攻作戦を発動する。十月十八日「捷一号作戦」が発令され、二十日には「神風特別攻撃隊」が編成された。この時、関行雄《せきゆきお》を隊長とする「敷島隊《しきしまたい》」五機が、敵艦に体当たりし、大戦果を挙げたのだ。新聞はこれを一面で大きく取り上げ、特攻兵を「軍神」

と讃えた。関行雄の実家には、記念碑が建てられ、特攻兵はたちまち少年達のヒーローとなった。以降、フィリピンでの空の特攻は続き、六七一名が戦死した。

コレヒドール取材の際に、私は「震洋特攻隊」について現地の人たちにインタビューをしたのだが、「『カミカゼ』は知っているが、『シンヨウトッコウタイ』は知らない」と答えた。特攻の代名詞はやはり、空の特攻「カミカゼ」なのだ。

＊ 神風特攻隊の「カミカゼ」は、正式には「シンプウ」という。特攻の父と言われた大西瀧治郎が、第一航空艦隊司令官を務めた首席参謀の猪口力兵の故郷、鳥取の古武道「神風流」から命名したといわれている。

「震洋」発進

さて、「震洋」の特攻だが、年が明けた一九四五（昭和二〇）年二月十六日に実行された。これが、「震洋」の初出撃となる。震洋隊の結成から敗戦までのおよそ一年間、一一三部隊の内、出撃はわずか二部隊に止まっている。だから、第12震洋隊の記録は貴重であり、島尾もこだわった。

その顚末を語る前に、そもそも、海軍はフィリピンの本丸であるマニラではなく、なぜ、コレヒドールという小さな島に「震洋隊」を集中配備したのか。それは、レイテを失い、アメリカに完全に主導権を奪われていた現実にあった。十月十二日編成された第12震洋隊が、マニラ港に入ったのは十二月十五日。この日、アメリカ軍はミンドロ島に上陸している。しかも、これを全く予想していなかった日本軍はアメリカの無血上陸を許した。レイテ島、ミンドロ島と続けは、次の目標は首都マニラだ。連合軍の作戦は、「ルソン侵攻、マニラ奪回」に移った。だから、マニラに到着したばかりの12震洋隊は、マニラ湾から上陸するアメリカ軍を撃退するため、すぐにコレヒドールへの移動を命じられたのだ。しかし、大本営はレイテ戦の打ち切りを決定する。フィリピンの日本軍は見捨てられたも同然だった。それでも、「震洋隊」はコレヒドールに進出する。アメリカのマニラ奪還を阻止する最後の砦になるために。こうして、コレヒドールは日本軍要塞の島となった。

では、要塞となった日本軍の兵力はどれだけだったのか。島には、陸海軍合わせて四五〇〇名の守備隊がいたが、その内の約一〇〇〇名は震洋隊の隊員である。「震洋」六個隊二五〇隻への期待は大きかった。（この内、一個隊は海没。隊員八〇名と震洋艇の大半を失っている）島に着いた兵士たちは、敵の空襲を避けながら、とにかく艇を隠す格納壕、通称「横穴」を掘り続けた。もう、正月どころではない切迫した状況だった。

ここからは、第12震洋隊の辰巳保夫氏の回想文に沿って、「震洋発進」をドキュメントしてみよう。辰巳氏は基地隊員で、現地を知る数少ない体験者である。

第12震洋隊が出撃したのは昭和二〇年二月十五日であった。その日の午前八時四五分、マニラ湾口部隊から「敵上陸用舟艇大型八隻、小型四〇隻、北水道ニ進ミツツアリ」の情報に続き、「敵ハマリベレス西方付近に上陸シツツアルモノノゴトシ」の報が入る。夜に入って、特攻部隊指揮官小山田少佐から「震洋隊松枝部隊ハスピック湾内ニイル敵船団部隊ヲ撃滅スベシ」との命が下る。いよいよ出撃だ。

この日は晴天だった。回想文には、「空には低く薄い雲がかかり流れて行く。六日の月がその雲を切るかのように浮かぶ。海はねっとりとして、暗黒のなかで冷たさはなく、むしろ温かさを感じさせた。……出撃にはもってこいの状況であった」とある。

搭乗員は白装束の上に飛行服を着けた。元々パイロット志願だった少年兵たちに、勇者としてのプライドを持たせようという上層部の計らいだったという。

「出撃用意」、「行くぞ！」の掛け声が響き、松枝義久隊長の右手が沖を指した。基地隊員から「しっかり頼むぞ」の声がかかると、搭乗員たちは最後の敬礼を返して艇に乗り込んだ。スービック湾に向けて出撃した三六隻の艇は、目標に向かって、姿を消していった。

見送った兵士たちは、湾の見える丘に登った。戦果を見届けるためだ。しかし、一時間たっても、何の変化も無かった。二時間が過ぎ、三時間が過ぎようとした頃、マリベレスに真紅の炎が上がった。炎と火玉で、空は夕焼けのようになったという。しばらく間を置いてから「ダダーン」とものすごい地響きを伴った轟音が響いた。

「万歳」、「やったぞ」の大歓声が上がり、互いに背中をたたきあったり、手を取り合ったりして喜んだ。「震洋」初出撃、初戦果、それもアメリカの上陸支援艇三隻撃沈、一隻に損傷を与えるという大戦果*だった。

＊「戦史叢書」には「巡洋艦一隻、その他一隻撃沈の報あり」と記されているが、アメリカの「モリソン戦史」には、「戦車揚陸艦一隻を警戒中の支援艇三隻撃沈」とある。また、マニラで出版された歴史書「コレヒドール」には、三隻の援護船を沈没させたとあり、正確な戦果は不明である。

この時、第10震洋隊は、第12震に続く第二次出撃命令を受け、北ドッグで待機していた。そこに、中島始郎がいた。島尾と艇隊員を交換したあの中島だ。「次は自分たちだ」と思い

蛯澤金次氏

ながら、暗い海を見つめたことだろう。しかしこの時、第10震洋隊は二月十日の艦砲射撃で、艇の大半を失い、隊長は戦死するという苦境に陥っていた（ということは、第二艇隊長だった中島が部隊長の任についたのではないか）。北ドッグには、搭乗員の蛯澤金次《えびさわきんじ》さんの姿もあった。第10震洋隊生き残り二名の内の一人である。

私は、一七年前のドキュメンタリー取材で、奇跡の生還者、蛯澤さんにインタビューしている。今となってみれば、本当に貴重な証言である。ご自宅で話を伺った。

——出撃の時、松枝部隊を見送られたのですか

「はい、北ドッグから見送りました」

——どんな様子だったのですか

「どんなって、別に……。お酒チョッと飲んで。あれは、突込んだのは、確か一個艇隊（一二隻）だったでしょう。あとは、バターン半島の方に行って、それっきりでしたね」

——音はしたんですか

「音は聞こえませんでした。ただ、火柱が三本上がった……、ということは、成功した訳でしょう」

蛯澤さんは言葉少なに、淡々と、「その時」を語ってくれたが、一言一言、かみしめるような語り口が忘れられない。

コレヒドール陥落

第12震洋隊が突撃を果したその二月十六日の朝、アメリカ軍パラシュート部隊が島に降下。それと同時にアメリカ歩兵師団の一個大隊が上陸した。第10震洋隊は出撃中止命令を受け、地上戦に加わる。「震洋」発進のその日、島は日米の決戦場となったのだ。蛯澤さんは、日本軍が司令部を置いていたマリンタトンネルに向かうが、マリンタ爆破。

「トンネルに入るか入らないうちに、ものすごい爆風が来たんです。（トンネルの）前に日本兵が百人か二百人はいたでしょう。みんな岩の下敷きになってしまった」

アメリカ軍は、バズーカ砲、火炎放射器等を一斉にトンネル内に向けたのだ。トンネルの中は炎に包まれ、生き地獄さながらの状態となった。

マリンタに関しては、水を求めての地獄もあった。回想録には、関口上曹の体験談も寄せられている。

「連日の空襲、それに加えて敵艦艇により艦砲射撃が続く。……もぐら同様封じ込められ窮地に陥っていたが、日本軍兵士の士気は尚も旺盛であった。だが、いかんせん水道本管の元栓を閉められて、一滴の水をも得ることができなくなった。……このため日本軍は夜の闇を

マリンタトンネル

利用し各隊から水くみ決死隊を派出した。ところが敵は先刻からこちらがそうするであろうことを予知し、湧水の出る所を狙撃兵で囲み待ち構えていたのである……」

「一滴の水を求めて何から何まで全てが悲惨な戦いであった」と述べている。

しかも、悲劇は続く。二月二十三日、日本軍はマリンタ高地にいる敵を、吹き飛ばそうと、トンネル内に残っていた全ての爆薬に点火した。ところが、意に反して爆薬はトンネル内で炸裂、爆風がトンネルの中を吹き荒れた。これによりトンネルにいた決死隊二〇〇名が死亡。もはや、「皇軍に神の加護なし」と、二月二十七日、准士官以上全員自決。戦闘は終了した。

こうして二週間に及んだ攻防戦は終わり、三月二日マッカーサーは、島の中央に高々と星条旗を掲げた。予告通り"I shall return"を果したのだ。日本軍は震洋六個部隊を投入したが、全滅。武器もほとんど無いままに地上戦に加わり、ジャングルに果てた。海の特攻ではなく、陸の特攻となった。

死の幻影

戦後になってコレヒドールの悲劇を知った島尾は、こう述懐している。

――昭和二十年一月上旬から二月にかけての米空軍によるコレヒドール島の徹底的な爆撃の結果、震洋艇の大方は爆破されてしまった模様である（中略）それらの状況の中で出撃の命令が下令されたのは第十、第十二の二個隊であったらしい。十二震は指揮官の松枝義久中尉以下、全艇が二月十五日夜半十時頃に命令を受けたというから、準備を終えて基地を発進した時刻は十六日に移ってからも大分経過していたのではなかったろうか。（中略）この12震の第二艇隊長と第三艇隊長は第一期魚雷艇学生の同期生で、第三艇隊長の山蔭隆常中尉はまさしくその時に戦死したのだが、第二艇隊長のＴＫは輸送途中の敵機の機銃掃射で負傷し、病院船に収容され、日本に送還されて生き残った。又本来なら私がその第二艇隊長を勤めるべき第十震洋隊は（それを中島始郎が代わって行ったのだが）出撃命令は受けたものの、五十隻の艇は既に敵の爆破のため五隻余を残すのみであっただけでなく、戦況逼迫して発進させることが叶わず、止むなくその五隻は爆破して、部隊はコレヒドール島の東部に移動したという。二月二十七日、八日の頃にはコレヒドール島の日本部隊はいわゆる玉砕に遭遇し、組織的な戦闘は終結した。――
（『震洋発進』）

島尾は、第10震洋隊との関わりを「それはほんのわずかの気まぐれな偶然が働きさえすればそのまま私の運命と重なったといってもおかしくはなかった。私にとってはその成り行きの中に人事とは思えぬ教訓が潜んでいたのである」と吐露している。「死に場所」になるかもしれなかった、いや、「死に場所」になるはずだったコレヒドールへの想いを募らせていた島尾は、戦後四〇年近くを経て執筆に当った『震洋発進』で、コレヒドール取材を一番に希望している。熱望だったかもしれない。『震洋発進』には、島尾の同期生が幾人も登場するが、それだけにリアルで、思い入れが深い。中でも、中島始郎へのそれは一入である。

――そんな状況の中でさて中島は果してどんな行動を取って死んで行ったものか。どちらかといえば背丈は低目な、しかし肉づきのいい頑丈な体格をした、負けん気の強い彼が、訓練隊員の交換を強く私に迫った時の、なお幼な顔を残した生一本な調子が、私のまぶたには残っている。彼は始終恐らく敏捷な身のこなしだったにちがいあるまい。するとその彼のうしろ姿に重なるように、やや機敏を欠いた痩せた背の高い私の姿が影薄くあとを追っている幻影が見えるような気分になってくる。（中略）そのためにのみ心の準備を整えてきた特攻死が叶わずに、コレヒドールを脱出してルソンの山中を彷徨しているもう一人の自分の姿がふと見えてくる気分になることがある。それは、まるきり性格も体格もちがう二人ではあったが、偶然のいたずらによって行く方を分けられた片方の中島始郎に、負ぶさるようにして飢餓行に陥っている自分の痩せさらばえた姿である――

（『震洋発進』）

コレヒドール島には、特攻隊長島尾敏雄の死の影が漂っている。

第三章　沖縄

金武《きん》「生き残ってだらしがないな」

生き残った指揮官

私は「震洋」を取材して、「特攻」を果すのがいかに難しいかを思い知った。「命と引き換えに敵に体当たりして散る」はイメージであって、現実はそう単純ではない。沖縄に進出した第22震洋隊のたどった特攻の詳細がそれを物語っている。

戦後、『震洋発進』執筆のために幾つかの基地を巡った島尾敏雄は、特攻を果したコレヒドールと沖縄を「震洋隊の辿った運命の凝縮」としてこだわった。だから、沖縄の特攻の顚末を知ろうと、戦後四〇年近くたって、生き残った指揮官に面会している。突撃を果したのは、第22震洋隊。その隊長から詳細を具《つぶさ》に聞き取った。それをもとにまとめた『震洋発進』を読めば全てがわかるのだが、そこにもう一つ、「おおそれながら」、私の体験を少しだけ補足したい。というのは、私自身も第22震洋隊隊長だった豊廣稔《とよひろみのる》氏に、ドキュメンタリー取材でインタビューをしたことがあるからだ。もう十七年前になる。基地を構えた沖縄金武《きん》にも同行して頂いた。その時の豊廣さんの微妙な語り口や表情を加えることで、戦後生まれの私が感じた特攻隊長の苦悩を伝えることができれば……

震洋隊沖縄へ

では、コレヒドールに続き、第22震洋隊の「特攻への道」をたどってみることにする。豊廣隊長率いる第22震洋隊が沖縄金武に辿り着いたのは、一九四五（昭和二〇）年一月二十六日。この時、日本軍はフィリピン戦に敗北していた。沖縄を失えばアメリカ軍本土上陸が現実のものとなる。そんな状況下で、沖縄に派遣された震洋隊は第22と第42の二部隊だけだった。フィリピンの六部隊に比べると遥かに少ない。なぜか。大本営が、「敵の次の上陸地点は沖縄の周辺の島々」とみていたからだ。これまでのアメリカ軍の上陸パターンは、本命の周囲にある小さな島を足がかりにする作戦がほとんどだった。このため、大本営は沖縄本島よりも先に、他の南西諸島の島々の配備を厚くしたのだ。島尾が派遣された奄美大島には五部隊、石垣島に五部隊、宮古島に一部隊の計一一部隊である。結果的には、軍部の判断は読み違えに終わっている。アメリカは、奄美でも、石垣でもなく、沖縄本島に直接上陸したのだから。

南西諸島

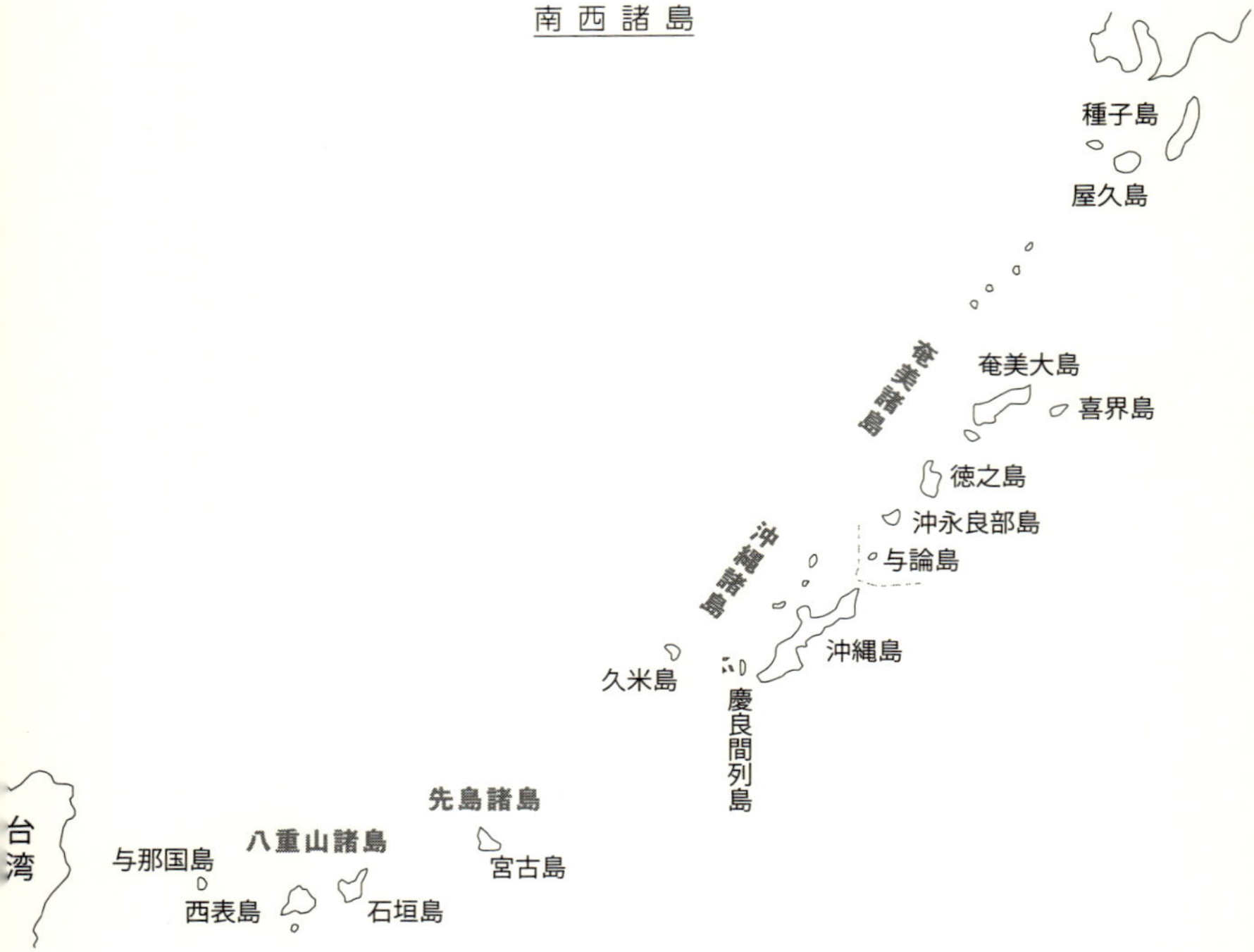
種子島
屋久島
奄美諸島
奄美大島
喜界島
徳之島
沖永良部島
与論島
沖縄諸島
沖縄島
久米島
慶良間列島
先島諸島
宮古島
八重山諸島
与那国島
西表島
石垣島
台湾

次に、南西諸島に配備された部隊を記す。
奄美大島計五部隊
加計呂麻島　（第17、第18　昭和一九年十一月二十日）
　喜界島　（第40　昭和二〇年二月十二日）
　奄美大島久慈　（第44　昭和二〇年三月七日）
　喜界島　（第111　昭和二〇年三月七日）
石垣島計五部隊
　川平湾　（第19　昭和一九年十一月二十九日）
　石垣島宮良　（第23　昭和一九年十一月二十九日）
　竹富小浜島　（第26　昭和二〇年二月二十五日）
　石垣島宮良　（第38　昭和二〇年一月二十五日）
　海没　（第39　昭和二〇年三月二十三日）
沖縄本島計二部隊
　沖縄金武　（第22　昭和二〇年一月五日）
　　（第42　先発隊昭和二〇年三月一日、後発隊海没により再編成四月一日）
宮古島計一部隊
　宮古島平良　（第41　昭和二〇年一月二十八日一部海没）

南西諸島に派遣された部隊の進出日は、フィリピン直後がほとんどで、捷一号作戦と捷二号作戦の狭間にある。先の章でも述べた様に（やはり結果論になるが）、島尾部隊は、フィリピンでも、沖縄でも、石垣でも、どこに派遣されてもおかしくなかった。例えば、十一月十五日に編成された第28と第30震洋隊は、フィリピン派遣予定だったが、船中で、急きょ台湾に変更されている。因みに、震洋の全記録をまとめた荒井志朗さんは第30だったので、フィリピンで亡くなった可能性もあったのだ。刻々と動き続ける戦局の下での派遣先の決定は、島尾が言う様に偶然の「天命」としか言いようがないのかもしれない。

第22と同じく沖縄金武に基地を構えた第42井本部隊について先に触れると、やはり海没の被害に遭遇している。部隊は先発と後発の二つに分かれて南下した。先発隊は、一九四五（昭和二〇）年二月二十日に佐世保港を出発。搭乗員一九名と震洋艇一八隻が、三月一日無事沖縄に到着した。しかし、搭乗員三一名、震洋艇三〇隻を積んだ後発隊の輸送船がアメリカ潜水艦に攻撃され、沈没した。この潜水艦〝ケート〟は、太平洋戦争で三隻の日本船を沈めた名うての艦だったという。井本部隊は再編成されたが、沖縄到着時には、すでに半分以上の戦力を失っていた。それだけに無傷の第22震洋隊への期待はふくらんだ。

第22豊廣部隊は、島尾部隊よりも一つ後の川棚四次の訓練を終えて、十月二十五日に編成され、翌年の一月二十三日那覇に入った。到着後すぐに沖縄方面根拠地隊の司令官大田実少将に着任報告をしている。大田は「海軍における陸戦の神様」と呼ばれた人物で、憧れの存在だった。挨拶に行った豊廣隊長は海軍兵学校の大先輩でもある大田から「待っていたぞ」と言葉をかけられ、感激したに違いない。

豊廣部隊の基地は金武と決まり、那覇港から震洋艇五〇隻と共に金武湾に入った。一九四五年一月二十六日のことである。

金武という町

豊廣稔氏（隊長姿 21 歳）

沖縄の金武といっても知る人ぞ知る町で、訪れる人はそう多くはないかもしれない。沖縄本島中央部（那覇市の北約四〇キロメートル）の東海岸にあり、西の島山を背に太平洋側に口を開けて金武湾を形作る。湾口の細くくびれた姿は深い入江のようにも見える。現在は面積の六〇パーセント以上がアメリカ海兵隊の基地になっている。戦後、奄美大島に住み、沖縄、石垣、宮古……と、南島を幾度も訪れた島尾だが、金武の街区の描写には、キャンプハンセンならではの匂いが溢れている。

——金武は私にとってはじめての町ではなかった。何度か足を運んでいるが、（中略）基地の街区はいうまでもなく金武の一部でしかないが、それは神隠しに会わされているような見つけにくい感じの場所であった……一つ道筋をまちがえると、自分の位置がわからなくなってしまうようなところがあった。馴れぬあいだはその街区を探しあぐねて坂道の多い町なかをぐるぐる歩き廻った果てに、ふっと眼前にあやしげにネオンにきらめくその華やかな姿をようやく発見する具合であった。そこだけちょっとした要塞のようにキャバレーやバー、レストラン、それに質屋、洋服店などの店舗がアルファベットの文字を看板に装いつつ重なり固まっていた——

（『震洋発進』）

金武の観光案内には、「タコライス発祥の地」とあり、アメリカナイズされた新開地の町並みの写真が掲載されている。戦後七四年、本土復帰から四七年を経ても、かつての特攻基地は戦争と決して無縁ではない。

最初の挫折

さて、豊廣部隊だが、先ず取りかかったのは、やはり震洋艇を隠す横穴掘りだった。到着するとすぐに昼夜兼行で、横穴掘りを始めている。作業には、地元の女学生も動員された。

そして、横穴の一部が完成した三月十四日、穴掘りに明け暮れる搭乗員たちの士気を高めようと、豊廣隊長は、海上訓練を行うことにした。隊員からは歓声が上がった。豊廣隊長は海軍兵学校出身のエリートで二十一歳。因みに、コレヒドールで特攻を果した第12震洋隊隊長の松枝義久とは、海兵七二の同期である。若い指揮官は意気に燃えていた。ところが、訓練中に悲劇が起こった。午前一〇時頃のことだった。B24爆撃機に急襲され、瞬時のうちに搭乗員一五名と震洋艇一〇隻を失ってしまったのだ。これまで、午前中にはアメリカ機の空襲がなかったので、安心して艇を出してしまったのだ。「油断だったかもしれない」。悔やんでも悔やみきれない現実に豊廣隊長は呆然とした。心に傷口が開いた瞬間だったろう。なお、この時爆死した先任将校の藤本光男中尉は島尾と同期だった。

しかし、悲嘆にくれる暇はなかった。折しも、アメリカ軍の沖縄上陸は必至の情勢で、全島にわたって猛烈な波状空襲が続いたからだ。三月二十六日、アメリカ軍、慶良間列島上陸。遂に、沖縄戦の火ぶたが切って落とされた。これを受けた翌日、震洋部隊に出撃の命令が下る。

第一次出撃

三月二十七日の夜に入って司令部から出撃命令の電報が届いた。「第22震洋隊ナラビニ第42震洋隊ハ各一個艇隊ヲ出動サセ、中城湾湊川方面ノ敵艦船ヲ攻撃セヨ。但シ敵ヲ発見出来ザル場合ハ速ヤカニ基地ニ帰投セヨ。目標ハ中城湾付近ノ敵艦船」

この時、第22が六隻、第42も六隻での合同出撃が指示された。しかし、第22豊廣部隊は五隻しか用意できなかった。六隻のうちの一隻が直前になって故障したからだ。開いていた心の傷が疼いたことだろう。実の所、震洋艇にはエンジントラブルが多かった。戦争末期、「急げ」の号令のもとで大量生産されたのが原因かもしれない。ここでも、その弱点が足を引っ張った。

それでも、出撃の搭乗員は、搭乗服に真新しい白いマフラーを着けて整列した。中には敵機の急襲で死んだ仲間の遺骨を白い布で包み、首にぶら下げた者もいたという。豊廣隊長は搭乗員と別れの水盃を交わし、一人一人と握手した。出撃隊長の「乗艇」の号令がかかる。基地隊員は搭乗員を肩車に乗せ、胸まで海水に浸かりながら彼らを艇に移し乗せた。エンジンがかかり紡索が離されると、特攻艇は目的の中城湾に向かった。

それからどれだけの時間がたっただろうか、戦果を期待しながら、横になっていた豊廣隊長は、次の日の明け方近くになって、出撃したはずの部下の声を聞いた。

「出撃したはずの市川兵曹、リーダーでした。彼が、枕元に立って敬礼をして、『外海に出たら、敵に遭遇致しませんでした』と申告するんです。ギョッとしましてね（笑）。幽霊じゃないかと思ってね。生きて帰って来るなんて微塵も思ってないから。当然、特攻死をするものとばかり思っていましたからね。特攻隊ですからね」

伊江島
本部半島
名護湾
読谷
(北飛行場)
残波岬
金武湾
42震・22震
嘉手納
(中飛行場)
北谷
中城湾
那覇
首里
与那原
糸満
湊川
摩文仁

この時、豊廣さんは、特攻でも帰って来ることがあるのだという新たな現実に直面した。出撃した一一隻は、敵艦船を発見できずやむなく帰投したのだ。この頃、アメリカ軍は敵をおびき寄せて攪乱する陽動作戦をとっていた。震洋隊はこの作戦に振り回された。島尾敏雄は、『震洋発進』の中で、この時の特攻兵たちの心情を推し量っている。

――命令の中城湾港川沖*という表示も曖昧であったようだ。港川沖は実際は中城湾の外の海域に当り、……ただ突進しさえすれば到達できるものでもなく、まして容易に敵艦船に遭遇できるものでもなかった。しかも昼間とはすっかり周辺の様相が変わって見える深夜の行動であった。彼らは長い長い不安に満ちた夜の航行に疲れ果てて、最後に帰投の道を選んだのであろう。言うにいえぬうしろめたさを覚えながら――

＊　豊廣氏の手記によると、「港川」は「湊川」とある。

読みながら、元々パイロット志願だった少年兵たちが白いマフラーをなびかせ、深夜の暗い海をさまよう姿を想像して私は涙した。彼らに残ったのは、不安と焦燥とやましさだけ……

第二次出撃命令

しかし、戦場では感傷に浸る間など無い。すぐに二回目の出撃命令が下った。

三月二十九日第42井本部隊に出撃命令が下る。今度は合同ではなく井本部隊一隊だけの出撃命令だった。隊長自らが率いる第一艇隊が出撃する。実はこの時、第42震洋隊には一二隻しか残っていなかった。前述した様に、沖縄への進出途中、輸送船がアメリカ潜水艦の魚雷攻撃を受け、大半の艇を失っていたからだ。しかも、いざ出撃のその時、一隻が燃え、頭部の炸薬が爆発するというトラブルまで発生している。爆発も震洋艇の大きな欠陥だった。それでも、第42震は、隊形を整えて堂々と出撃していった。隊長の井本中尉は島尾と同じ第一期魚雷艇学生の仲間で、「中肉中背の目立たぬ体躯ながら才気が目にはっきりとあらわれたような青年であった」と述懐している。

しかし、この夜もアメリカ船団を見つけることはできなかった。敵ははるか沖合に隠れていたのだ。出撃は失敗に終わり、井本隊長以下地上戦に巻き込まれ、ほとんどが戦死した。

独断出撃

井本部隊を見送って日付けが変った翌日の夜、故障トラブルのため出撃できずに基地に戻った第42震の搭乗員から、「中城湾の沖合に巡洋艦らしい敵艦がうようよしている」との報告を得た。豊廣隊長はこの生情報に「すわ、好機」とばかり、第二次出撃を命じた。しかし、この命令は、豊廣隊長の独断だった。司令部の許可を待っている余裕は無いと判断しての「独断決行」……

中川艇隊長率いる一二隻が午後一一時三〇分出撃した。豊廣隊長は、戦果を期待してひたすら待った。そのまま三月三十一日の朝を迎える。すると、「四艇隊が帰って来ます！」との叫び声が響いた。今度も敵艦を発見できず、虚しく帰投したのだ。またもや敵のおとり作戦に引っかかった。帰って来た艇は敵の空襲を受け、陸揚げする暇もなかった。入江に繋留し、アダンの木で偽装したが、すぐに敵機に発見された。空爆を受け一二隻が炎上。出撃した艇の全てだった。独断出撃は惨憺たる結果に終わった。豊廣さんの心は引き裂かれそうだった。

戦後五〇年を経てのテレビインタビューで、当時の心境を豊廣さんはこんな風に語った。「もうげんなりしましてね。これ、どうなるんだろうと。（特攻に）出たってスッポカシをくらったようなことでねー」

語り口は淡々としていたが、「げんなりしましてねー」という表現に、当時の苦渋が読み取れる。「げんなりする」は、「やる気をなくす」といった意味だが、豊廣さんの「げんなり」は、やはり「げんなり」としか言いようがない。

特攻を果す

豊廣部隊が独断突撃に失敗した翌日の四月一日、アメリカ軍は沖縄本島西海岸の嘉手納付近に上陸。上陸地点は、金武湾と山並みをはさんで西に二〇キロメートルほどの距離だ。夜になると照明弾が打ち上げられ、砲声が遠雷のように響いた。

迎えて四月三日、夜一一時をまわって、豊廣部隊に第三次の出撃命令が出された。攻撃目標は湊川沖の敵輸送船団。六隻が泛水したが、一隻は機関故障のため、結局五隻で出撃する。ところが、更に二隻が機関故障で落伍。いざという時の震洋艇にはこの手のトラブルがついてまわる。いわば、欠陥艇……、だったのではないか。

「今度こそは」と、豊廣隊長は、二艇を引き連れて自ら誘導することにした。この日の海は殊更暗く感じられた。豊廣隊長は、双眼鏡で敵の姿を探った。すると遥か彼方に明滅する敵の発光信号を認めた。針の先でつついたような微小な明かりだった。

「ずーっとフォローして見てたら、艦影がスーッと出て来た。で、その艦影が、駆逐艦なんですよ。大きな船じゃなくて駆逐艦。手ごろな獲物ですよ」

豊廣隊長は部下の二隻を両脇に引き寄せて「目標あれ、あれに突っ込んでくれ。俺はまだ艇が残っているから、それで明日突っ込む」と言って、突撃を命じた。数十分たった頃、火柱が上がった。午前一時をまわり、日付は四月四日になっていた。

「火柱がヴァーッと上がってね。音がずいぶんたってから聞こえたんです」

「やったぞ、よくやったぞ」

豊廣隊長は涙が出そうになった。

特攻を果たしたのは市川正吉二十歳、鈴木音松十九歳。二人とも甲飛予科練出身の少年下士官だった。

多くの震洋特攻隊を送り出した長崎県川棚にある「特攻殉国の碑」には、二人の名前が金を施された文字ではっきりと刻まれている。昭和一九年十月二十五日川棚臨時魚雷艇訓練所で編成され、昭和二〇年一月二十六日沖縄金武に着任した若者の命は四月四日に果てた。これが「震洋隊」最後の特攻となる。

隊長の苦悩

皮肉にも、特攻を果した直後から豊廣隊長の苦しみが始まる。特攻の時の「目標あれ、あれに突っ込んでくれ。俺はまだ艇が残っているから、それで明日突っ込む」という指示だ。

戦後四〇年間、豊廣さんは「震洋」の事を一切語らなかった。訳を尋ねると、「なぜ一緒に突っ込まないのかというようなことですよね。ぼくは、あの（突撃の）後に基地に一二隻も残すのはもったいないって。で、それを先導するのはぼくしかいないと思ってた。貴重な命を一緒に突っ込んではもったいないから、明日と思ったのが誤りのもとでした。生き残ってしまったというのが誤りのもと」

豊廣さんはこの時も淡々と話をしてくださったが、「一二艇も残すのはもったいない。最後に全部の艇で突撃する！」気持ちがはっきりと読み取れた。「特攻」をやり遂げたかったという若い指揮官の強い意志が。

インタビューのこの時、豊廣さんは、手を額にあてながら、少しうつ向き加減で「生き残ったのが誤りのもと」とくり返した。

豊廣稔氏

ため息

コレヒドールと沖縄、島尾は突撃を果たした二部隊の運命のすぐ近くにいた。だから、豊廣さんとの対談には、かなりの深慮を払っている。その上で、特攻隊の真情を「生き残って、だらしがないな」というため息に重ねた。

――話の途中で明らかに彼が口ごもる箇所は、出撃経過の叙述を離れて自分の行動を反省する時であった。「死ぬつもりでいたのに、たまたまそういうことになって生き延びた」と彼は言った。彼は彼なりの作戦の下で行動したわけなのに状況が彼を生のがわに押しやった、ということだろう。しかしここのところはどんなに説明を試みても結局のところいい訳に終わってしまうというジレンマからは抜け出せない。「あなたにならわかってもらえる」とも彼は言っていた。私もまさしく死ぬつもりでいたのにたまたま生き延びた一人にちがいなかった。二人とも「生き残ってだらしがないな。特攻隊の風上にも置けないな」という溜め息がつい唇をもれてしまう場所に居た――

(『震洋発進』)

豊廣隊長は、二人が特攻を果したのを見届けた後、残った艇を引き連れて突撃しようと基地に戻った。が、状況は一変していた。基地はアメリカ上陸軍の砲撃を受け、崩壊。すでに陸戦に移っていたのだ。豊廣隊長は「自分の判断が誤りだった」ことを目の当りにする。やむなく震洋艇での攻撃を断念し、あれほどこだわった艇の全てを焼却、基地を撤収した。涙をのんで。

その後、第22震洋隊は陸軍に合流して血みどろの地上戦を戦う。豊廣さんは負傷、総員一七八名のうち七四名が戦死した。

これが、「震洋」最後となった特攻の顚末である。

第四章　島尾部隊進出

「加計呂麻島《かけろましま》といっても知っている人はありますまい」

基地進出

コレヒドールと沖縄で「震洋」が特攻を果したことを戦時の島尾は知っていたのだろうか。編成の時期から考えると、知らなかったのではないか。戦後四〇年近くを経て書かれた『震洋発進』にも、「敗戦後間もない頃から、コレヒドールと沖縄本島に進出した震洋諸隊に絶望的な事態が襲ったらしいことは、低い確からしさのままで伝わっていた」とあり、続けて、「だが果して本来の任務の出撃ができたか、そして確かな戦果が得られたのかどうかについては、なお確かめようもなかった」と書いている。戦後になっても、正確な情報は得られなかったのだ。「震洋」は、すでに幻となっていたのか。

一九四四（昭和一九）年、小笠原、フィリピンへと震洋隊が次々と派遣されていく中で、島尾部隊にも命が下った。基地は奄美だった。最終的に島尾部隊が第18震洋隊として編成されたのは、沖縄の豊廣部隊より一〇日早い十月十五日。その時初めて、基地は奄美の加計呂麻島だと知らされている。奄美大島は、鹿児島から南へ三八〇キロ、沖縄までは南へ一八〇キロの距離だ。しかし、日本軍が主導権を完全に失った戦争末期、輸送船での基地進出は命がけだった。アメリカ軍は、南下する日本軍の輸送船にターゲットを絞り、撃沈するスコアを競い合ったという。島尾部隊編成前に小笠原とフィリピン方面に派遣された一六の部隊に限ってみても、三分の一が海没しているのだから。それをかいくぐっての無事の到着は僥倖を恃んでの綱渡りだったと言えよう。

島尾自身が、「……辰和丸は鹿児島湾奥から碇を揚げ、そそくさと、と形容したい程唐突に湾外へ蛇行を再開した。どのような敵状判断の下での決行かわからなかったが、今にして当時の戦況を振り返ってみれば、幸運な、としか言いようのない偶然の重なりで、辰和丸は昭和十九年十一月二十一日……辿り着くことができた」（『魚雷艇学生』）と記している。

海没船

改めて、「震洋隊」を運んだこの時期の輸送船の被害を一覧すると

第1震洋隊（小笠原父島進出途次・常盤山丸）　一〇名死亡
第4震洋隊（小笠原母島進出途次・い号寿山丸）　六名死亡
第8震洋隊（レガスピー進出途次・豊岡丸）　九五名死亡
第13震洋隊（コレヒドール進出途次・あとらす丸）　八〇名死亡

第14、15震洋隊（フィリピン進出途次・玉洋丸）　二二二名死亡
第16震洋隊（八丈島進出途次・い号寿山丸）　五七名死亡

輸送船の損傷、沈没は七部隊、戦死者の合計は四七〇名で、海没した全震洋隊戦死者の三分の一以上を占める。一九四四（昭和一九）年秋からの移動がどれだけ危険だったかがわかる。しかし、それだけのリスクを負っても尚、基地進出はなされたのだ。戦局は逼迫していた。島尾が言うように、奄美への無事の到着はいかに「幸運」だったことか。

島尾部隊の進出に当っては、確かに「幸運な偶然」が重なっていた。その一つ。奄美に配備が決まった第17、18震洋隊は十一月十一日、特設輸送艦「辰和丸」で佐世保を出航し、翌十二日、桜島の見える鹿児島港に入港した。ところが、この時、船内で赤痢患者が出た。患者は島尾部隊の搭乗員三名だった。このため、「辰和丸」は抑留され、動けなかったのだ。ようやく許可がおりて出航したのは、一週間後の十一月二十日だった。島尾は戦後、そのことをこう振り返っている。

——その時期に前後して佐世保を出た、針尾海兵団で共に出航待ちをしていた八個部隊のうち三個部隊は途中敵襲に遭遇、輸送船が海没して隊員の殆どが命を失い、もちろん㊃兵器も無くなって解隊していたことを知ったのは、敗戦後何年か経ってからのことだ。われわれ

十八震洋隊は（そして第十七震洋隊も同様であったが）、ひとまずは海没の悲運に遭うこともなく予定された基地に到着をし得たのだ――

（『魚雷艇学生』）

三個部隊というのは、前記した第13震洋隊（十一月三日海没、八〇名死亡）第14、15震洋隊（十一月十四日海没二二二名死亡）のことだろう。もし、赤痢患者が出ずに、予定通り出航していたら……、島尾部隊も敵の襲撃に遭い海没した可能性は高い。当時の戦況下で、生死の運命は、紙一重だった。第二章で詳述したが、島尾の言葉「元々フィリピンが死に場所になるはずだった」は、単に部隊を交換したからという理由だけではない。沖縄に先行して派遣された島尾部隊がそうなっても決しておかしくはなかったのだ。

加計呂麻島

基地の名を知らされた時、島尾部隊の誰もが、「加計呂麻島《かけろまじま》」を知らなかったのではないだろうか。島尾自身、エッセイに「加計呂麻島といってもおそらく知っている人はありますまい」と書いている。そして、驚いたことには、その島に住んでいる人さえが、自分たちの住んでいる島の名前が、加計呂麻だということを知らなかったというのだ。エッセイはこう続く。「加計呂麻島は鹿児島の南方海上に点在し横たわる奄美群島の離島の一つなのだ。大島本島といわれる群島中最大の島の島尾の部分に歯車がかみあうごとくくっついている離れ島だ。その大島との間の瀬戸は大島海峡と呼ばれ、離れがたいのを無理に引きちぎったふうにこの二つの島は一方が出張れば片方が引っ込み、一方が引っ込めば片方が押し出る具合に、複雑に海岸線を入りくませあい湾曲して両端の海峡口は袋の口を扼するごとく狭く絞られているので、海峡内は波のおだやかな内海を形成している」

基地は、加計呂麻島のリアスの入江のなかで、呑《のみ》之浦《のうら》と決まった。そこは、数ある入江の中でも特に湾口が狭く、奥行きが深い。特攻艇を隠すには、もってこいの場所だった。「震洋隊編成表」には、基地の地名は「鹿児島県瀬戸内町呑之浦」とある。そしてもう一隊、島尾部隊と行動を共にした第17震洋隊（林幹人隊長）も、加計呂麻の三浦に基地を構えた。

島尾部隊と岬を挟んですぐの入り江だ。現在はクロマグロの養殖地として知られている。

加計呂麻島呑之浦

『魚雷艇学生』の最終章には、「基地は南海の島かげに奥深く眠るがごとくに横たわる、山上湖ともまごうおだやかな自然のままの入江であって、浮標ひとつ用意されてはいなかった。澄み切った入江の青い海は、両岸の樹木の影を深々と写し、古代さながらの清らかな静けさに満ちていた。私はどれ程そこに基地の施設など作らずにいつまでもそのままにそっとしておきたい思いにかられたことか。しかし、既に特攻隊の基地として定められた以上、両岸の樹木は次々と伐採され、兵舎が建てられ、特攻艇の格納壕として三十メートルも奥行きのある横穴が、十二個も掘削されなければならなかったのだ」と、「横穴」の突貫工事がなされたことを記している。

横穴

ここで、「震洋」のキーワードとも言える「横穴」について述べておこう。もはや幻となったというより、もう誰も知らない「震洋」の証を求めるとすれば、「横穴」しかないのかもしれない。「横穴」とは、震洋艇を隠すための格納壕だ。基地に到着した部隊が一番に取りかかるのは横穴掘りだった。「秘密兵器」という言葉は特攻を志願した時から戦争終結まで隊員達に強く刷り込まれ、《秘密＝隠す＝横穴を掘る》という図式はどの部隊のどの隊員にも共有されていた。つまり、「横穴」は震洋隊のシンボルなのだ。テレビ取材で、インタビューをした時、元隊員たちの誰もが、「横穴」にはすぐ反応した。小笠原の父島に派遣された第1震洋隊の基地隊長だった山本重太郎さんも、基地に着いて先ず取りかかったのは、「横穴」を掘ることだったと話した。

「入る洞窟、横穴をね、岩盤を掘ってトンネルを作ってその中に震洋艇を全部格納するんですよ。五五隻だから大変なもんですよ。ボートでもね」。

山本さんたち第1震洋隊は、四〇メートルの横穴

小笠原横穴

を六本掘った。これが、第一号の「横穴」である。一七年前の取材時には父島の「横穴」はまだ健在で、太平洋に向かって、ぽっかりと大きな口を開けていた。

『震洋発進』執筆のため、震洋隊の基地跡を訪ね歩いた島尾は、一番に「横穴」を探し求めている。

——空虚な或いは自然と化した何の変哲もない横穴に過ぎないのに、それと真向かうと、私を襲った過去の一時期の状況がなまなましく甦ってくるのは確かであった——

（『震洋発進』）

また、「震洋隊」のほとんどの基地を巡り、写真に記録した元搭乗員の荒井志朗さんも、必ず横穴を探して歩いた。

「震洋といっても、一般の所に艇を置いておけば、アメリカの飛行機でみんな壊されちゃうわけでしょう。それを壊されないために、山に穴を掘って、その中に震洋艇をみんなしまっていた訳でしょう。そういう場所を探したんですよ。そして、横穴の前でいろんな事を考えたりしたんですよ」

いろんな事とはどんな事なのだろう。九〇箇所もの基地を巡り歩き、探し出した「横穴」を前に、一体どんな言葉を交わしたのだろう……、知りたいと思う。

島尾隊長の唄

島尾が、加計呂麻島にいたのは、一九四四年十一月二十日から敗戦、解隊までのわずか一年足らずである。しかし、その一年が、島尾の人生を決定づけた。震洋隊隊長として赴任した島尾は、集落の人々の尊敬の的であり、憧れでもあった。秘密とされた「特攻隊」だったが、村人はそれを知っていた。

「♪　あれ見よ、島尾隊長は人情深くて豪傑で、みんなの優しいおとうさまー　隊長殿よ、わが部下よ、明日こそ名誉の決死隊、特攻隊のいさおし（功）は、歴史と共に輝くよ」

これは、村人たちが声張り上げて歌った「島尾隊長の唄」だ。若い女性たちにとって、島

島尾敏雄　海軍第二種軍装姿

ミホさん

尾は「王子さま」だったのだ。その王子さまに恋をしたのが、島の娘ミホさんだった。戦後、二人は結婚する。

これも後日談、といっても一八年も前の話だけれど、取材のために奄美大島の名瀬にあるご自宅に、島尾夫人のミホさんを訪ねたことがある。その時、「ご来島の記念」にとおっしゃって、本と一緒に島尾の海軍第二種軍装姿の肖像写真とミホさんの娘時代の写真を頂いた。

島尾とミホさんは戦時下に恋におち、生涯を共にしたが、そのいきさつは、『出孤島記』、『出発は遂に訪れず』や『死の棘』に詳しい。島尾文学のファンなら、誰もが知るドラマティックな大恋愛だ。二枚の写真は、すぐには信じ難い「戦時下の恋」を納得させてしまう美しさを持っている。

後日談の余談になってしまうけれど、もう一つ印象に残った事がある。それは、「島尾が初めて、家に挨拶にみえた時のものです」と、ミホ夫人が差し出された一枚の名刺。「海軍中尉　島尾敏雄」とあった。六〇年間大切にしまってあったのだろう。色褪せることなく、白く輝いていた。

予感

そんな話を聞けば、いかにも平穏でのどかな島を想像するが、決してそうではなかった。戦時下の島の状況は、集落の区長によって次の様に記録されている。

島尾部隊が基地を構えた呑之浦

昭和一九年以降は連日のように空襲に見舞われたが、一九戸の住家には被害はなく、住民二人が負傷をし、山火事が発生した。防空壕生活を強いられ、ほとんど生産（農作）はできなかった。

瀬相（呑之浦の西隣の集落）

昭和一九年十月十日初めて空襲を受け、二〇年三月住家火災、以来終戦に至るまで連日の空襲により、戸数六二戸のうち、五〇戸以上が焼失し、一面焼野原になった。

押角（島尾部隊の東隣の集落）

二〇年夏から敵艦載機から三、四発の爆弾が投下された。このほかに機銃掃射を受けたが、幸いに被害は無かった。

他に、小学校が全焼し、負傷者や死者が出た集落もあった。

これらの資料からもわかるように、震洋隊が基地を構えた昭和一九年秋になると、島は連日空襲に見舞われていた。島尾は、『出孤島記』をこう書き出している。

――三日ばかり一機も敵の飛行機の爆音を聞かない。こんなことはここ半年ばかりの間、気分の上では珍しいことだ。そのために奇妙な具合に張合いを失っていた。三度の食事時に、定期の巡検のように大編隊でやって来て、爆弾やロケット弾や機銃弾を、海峡の両岸地帯にかけてばらまいて行く。そしてその中間の時刻には少数機でやって来たから、海峡の両岸ではいつも爆音の聞こえない時はなかったことになる。言うまでもなく夜は夜で夜間戦闘機がやって来た。それで一日のまる二十四時間飛行機の爆音で耳のうらを縫われてしまった——

激しい空襲が日常化していたことがわかる。それでも、空襲の間隙を縫って島尾部隊は、夜間訓練を行った。「自分の部隊もやはりそうだった」と、危険な状況下での夜間訓練を振り返る搭乗員たちは多い。攻撃のテキストによると、敵艦船の真横に対し、三〇度以内の角度で衝突させるのが、最も効果的とされていた。「震洋戦策資料」には、実に三三もの攻撃法が、図解されているが、どれもが全艇での一斉攻撃を前提にしている。しかし、コレヒドールや沖縄でみたように、敵の空襲や海没によって艇は失われ、それは望むべくもなかった。そんな中、一艇も失うことなく四八隻揃った島尾部隊への期待は大きかったはずだ。しかし、夜間の空襲が激しくなると、次第に訓練は間遠になり、やがて中止されていく。

そして、昭和二〇年八月六日広島に、九日、長崎に原子爆弾が投下された。それと関連するかのように、突然消えた敵の空爆は、島尾に「特攻の日」が近づいたことを予感させた。

第五章　出撃命令

「ソーイン、シューゴー」

特攻戦発動

島尾部隊が加計呂麻に進出してからも、「震洋隊」は次々に編成されていった。派遣先は、台湾、石垣、海南島、そして本土……。フィリピンを失い、次いで沖縄を失った日本。大本営は、本土決戦止むなしと判断して、遂に「決号作戦」を策定する。

大本営は、敵の上陸は先ず南九州からと判断し、空では、陸海合わせて五八〇〇機の特攻機を用意。海では、震洋（マルヨン）が二二五〇隻、陸軍の四式連絡艇（マルレ）*は七〇〇隻が準備された。陸海軍合わせて総力特攻戦の構えだ。

そうなると、戦略上の要になるのが、島尾部隊の奄美大島だ。沖縄から北へ一八〇キロ、鹿児島まで三八〇キロメートルの位置にある奄美大島は本土決戦への足がかりになる可能性が高い。そうでなくとも、アメリカ艦船北上のコースに当ることは間違いない。そんなギリギリの状況下で遂に島尾部隊に特攻の命が下る。戦争終結の二日前、八月十三日夜半のことだ。

＊ マルレ　陸軍版「震洋」。「震洋」より一ヶ月半遅れで誕生した海上特攻艇で、「マルレ」と呼ばれた。規模も能力も「震洋」とほぼ同じ。ベニヤ板製のボートに二五〇キログラムの爆薬を積んで体当たりする作戦で、約五〇〇〇隻作られ、フィリピン、沖縄で戦果を上げた。

その日、島尾は加計呂麻島の砂浜に寝転がって夕焼けの雲を見ていた。「こういう時に命令が来たらどうなるかと思ったりしてね」……、その予感は当った。

――伝令が、ばたばた本部への細い坂道を上がって来た。

「隊長。信号お届します」

私は無理に落ち着いた態度を見せようとした。

「どれ、とうとうやって来たな」――

（『出孤島記』）

紙には「出撃用意」とあった。島尾部隊に「特攻戦」が発動されたのだ。「かねて覚悟はしていました。しかし瞬間は目の前が暗くなりましたね」と、後にその時を語っている。

――私は隊内に総員集合をかけることを命じた。……「准士官以上」が本部の士官室に集まって来た。私はそこに出て行った。「お待ちかねのものがやって来たよ」私はそう言った。

私はせいいっぱいでこらえている何かを感じた。どっとせきを切っておろおろし始めるかも分からないきっかけを押さえつけていた。ソーイン、シューゴー　当番が伝声管でどなっているのが、へんにうら悲しく入江うちの浦々に反響するのが聞えた。――

（『出孤島記』）

この瞬間の隊員の心理はどんなものだったのだろうか。戦後生まれの私にはとても想像できないけれど、「ヨシ！」と覚悟を固めた隊員もいただろう。一方、出撃を待つ日々を「死刑囚のような毎日に耐えられなかった」と語った隊員もいた。各々の思いを抱えた特攻隊員たちに死が宣告された時、入江には「ソーイン、シューゴー」の号令が響いた。

「かかれい」

やがて隊員が浜辺の広場に集合する。島尾隊長は、こう指示した。

――特攻戦が下令された。やがて発進の命令が下されるまでに、我々は各隊の分担に従って洞窟から艇を出して整備しなければならない。エンジンを点検し整備し終えたならば、頭部炸薬に電路をつなぎ、信管を挿入せよ。（中略）艇内の湿気のために電路が短絡するおそれが大きいから、接断機のスイッチを絶対に接につないではいけない。時間は充分にある。恐らくは明朝未明に発進がかかると思われるから、あわてずに落ちついて、確実に整備をせよ。

爆薬

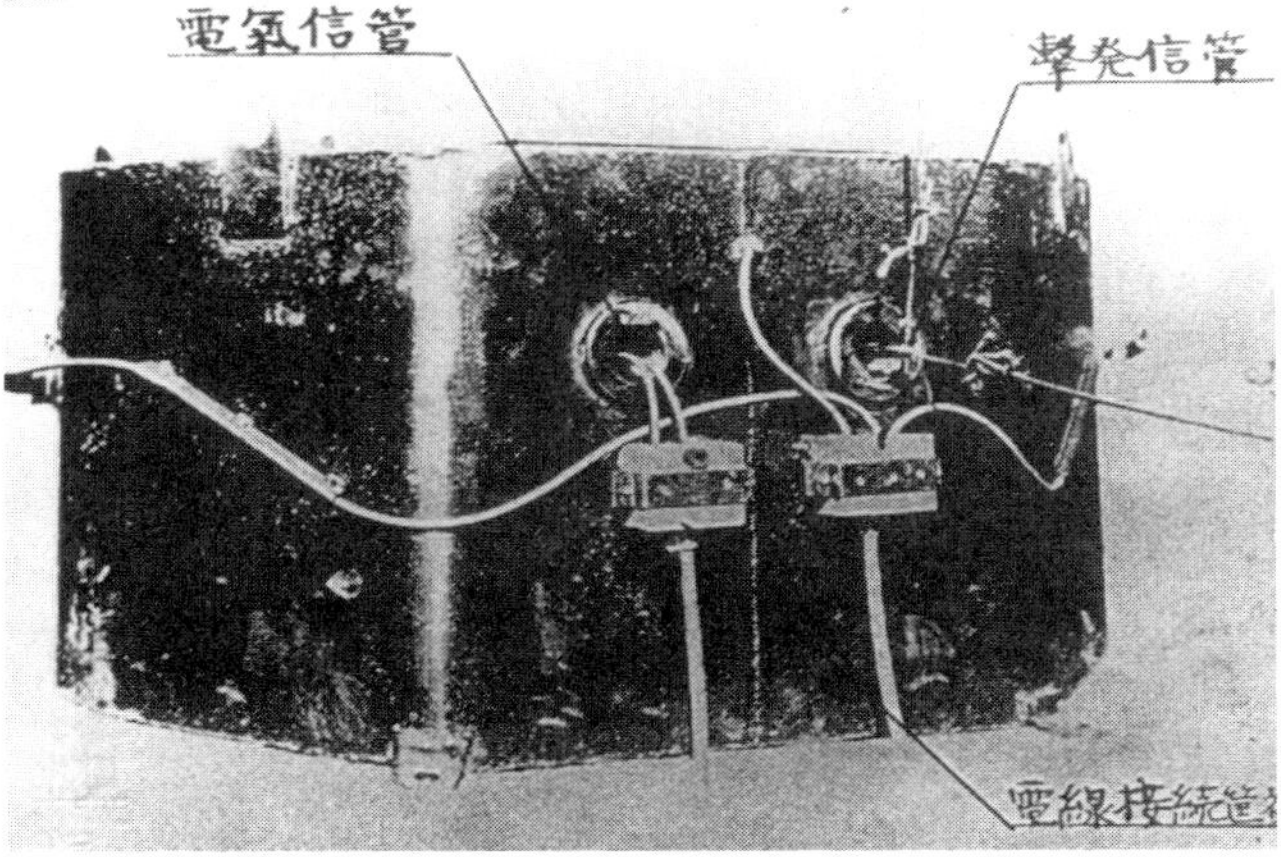

整備の終った艇隊は直ちに俺の所に届けい。かかれい。——

（『出孤島記』）

出撃にあたって、島尾が細心の注意を促したように、震洋艇の爆発事故は頻発していた。殊に、第44三木部隊の事故は島尾に強烈な教訓を残していた。三木部隊は加計呂麻島と大島海峡をはさんで一〇キロほど離れた対岸の久慈《くじ》にあった。昭和二〇年六月のある朝、横穴に格納していた艇の点検中に爆発が起こり、かけつけた隊長以下、一三名が死亡した。島尾は、呑之浦の基地で爆発音を聞いたという。死んだ三木十郎は島尾と同期だった。後述するが、高知の大爆発事故をはじめ、震洋艇の爆発事故は余りに多い。エンジントラブル、爆発事故……、震洋艇の欠陥は最後まで足を引っ張った。そして、出撃準備中の島尾部隊にもそれは起こった。第四艇隊の艇の頭部に積んだ火薬が爆発したのだ。しかし、幸いにも信管だけの爆発で、火は他に及ばず、隊員も無事だった。そんな騒ぎの内にも、出撃の準備は整っていく……。その時の様子を、整備隊長を務めた金子春一さんはこう話した。

「出撃準備の時は、信号兵が君が代をラッパで吹いて、それはもう悲壮なねー、当時を思い出したらねー、覚悟していても、いよいよこれで終わりかなって。却って楽なような気持ちだったですねー」

——月も中天に昇った。もう発進の下令を待つばかりだ。不思議にこの世への執着を喪失してしまった。ただ一刻きざみに先へ延ばされていることが焦燥の種を植えた。即時待機の精神状態を持続することは苦痛であった。今がチャンスだ。今がちょうどいい。今なら平気で出て行かれる——

（『出孤島記』）

「これはチャンスと思っているのに、どのような事情で出られないのか。これは却って、隊長にとったら不信感というかですね。もう、いよいよ命を捨てた連中なんですから。今考えてみますと、当時のことはねー、チョッと人間では考えられないような状態でしたね」

南の島の月明かりに照らし出された特攻兵の隊伍の列……、張り詰めた空気。金子さんは、一幅の絵を思い浮かべるように当時を懐かしんだ。七四年前のある特攻隊の「もう誰も知らない」話だ。

即時待機

しかし、その夜、発進の命令は来なかった。島尾は、搭乗員に仮眠をとらせた後、自分は洞窟内の当直室で一夜を明かした。後にその夜のことを「死を含んだ夜」と表現する。

ひたすら待った。しかし、一四日の朝を迎えても発進の命令は来ない。なぜか。こう考えたりもした。

——もしかしたら、この待機の状態は切換えられることなくいつまでも続くのではないか。敵はこの島など歯牙にもかけず、直接本土に向う作戦をはじめだし、ここはこの戦争のいきさつから見捨てられようとしているのではないのか——

（『出発は遂に訪れず』）

そして、「私たちは発進しなければほかに使いみちのない未熟な兵員にすぎないのに」と思う。不信と焦燥が入り乱れる中、司令部から電話が入った。「信管ヲ装備シタ即時待機ノママ第一警戒配備トナセ」

島尾は、「即時待機」の状態を「発進と即時待機のあいだには無限の距離が横たわる」と言い、死と生との間を揺れ動く自身の受け止めを微細に検証している。

――その夜発進の命令を受ければ、私はきっと勇敢な特攻戦が戦えたろう。昨夜は、一年半ものあいだその日のことを予想し心構えていたのになお動揺したので失望が心を食いあらした。（中略）しかし今夜はちがっている。奇妙な一昼夜のあいだに、ないがしろにされた感情につかっていた。そして生き残ったとしてもこの先に生活しなければならぬ日日の、断絶に囲まれた世の中で耐えて行けそうもない気持ちの底も見たと思った――

（『出発は遂に訪れず』）

そしてこう続ける。「発進がはぐらかされたあとの日常の重さこそ、受けきれない」。「特攻を果さないまま生きのびた『日常の重さ』は、特攻員たちの心を支配し続けた」と感じたのは、生存者の方たちをインタビューした私の率直な感想だ。その時、戦後も五〇年以上を経ていたというのに……

太平洋戦末期、にわかに編成された日本軍最大規模の特攻部隊「震洋隊」。部隊数は一一〇を越えたが、突撃を果したのは二部隊にすぎない。隊員二七〇〇〇余名の多くが生き残った。彼らは、「生きのびた苦さ」を抱えたまま戦後の日常を生きた。島尾の予見通りに。

ところで、八月十五日直前、「特攻戦発動」の命令を受けたのは、島尾部隊だけではなかった。突撃の命を受けながら、即時待機のまま敗戦を迎えた震洋隊は多い。幾つかを上げてみる。

第16震洋隊（八丈島）十五日直前に「敵大輸送船団接近中」と撃滅の命令を受け、震洋艇に乗り込んで発進を待ったが、誤報と分かり、後に取り消しとなっている。

第50震洋隊（土佐）十五日夜半に「土佐沖ヲ米機動部隊北上中、コレヲ直チニ撃滅セヨ」の命を受け、一部の艇が数回出撃したが、会敵せずに帰隊した。

第56震洋隊（神奈川県三浦市）十四日に出撃準備命令が下ったが、やがて誤認と判明。待機のまま十五日を迎えた。

第114震洋隊（中国舟山列島）八月十日に出撃準備に入り、五日間即時待機のまま敗戦を迎えている。「この待機の状態はいつまでも続くのではないか」と島尾が感じた不安を五日間も耐えなければならなかったのだ。

第139震洋隊（千葉銚子）八月十三日に出撃命令を受け即時待機のまま敗戦を迎えた。島尾部隊と同じである。

他に十五日以降に突撃命令を受けた部隊も複数あり、戦争終結前後の司令部の混乱ぶりが際立つ。

「即時待機」の特攻隊員達には、島尾作品に描かれたような様々な葛藤があったはずだ。「家族」のため、「お国」のため、「名誉」のために、命を捨てる決意を固めた若者たち。極限の緊張の中で発進の命令をひたすら待つ……

震洋艇に乗ったまま待機した搭乗員達もいた。海岸に野営したまま「いざ出撃」に備えた部隊もあった。「即時待機」は、特攻兵たちに残酷な時間を強要した。それが突然はずされた時……、深く心に刺さった目には見えない戦争の棘だ。

第十八章

八月十五日

「センソウハ、オワッタノカモシレナイ」

二四時間
一睡もせず発進の命令を待った島尾隊長に、翌十四日の太陽が容赦なく照りつけた。

「もう、引きもどすことはできず、遂行できずに夜を明かした悔いの思いが、からだにみなぎり、強暴な気持ちに傾いてとどめられない」

十三日に下令された特攻戦は、発進の命令が無いまま即時待機が続いた。島尾は何度も司令部に問合せるが、何の進展もなかった。が、真夜中近くになって電令が届く。

「カクハケンブタイノシキカンハ、一五ヒショウゴ、ボウビタイニシュウゴウセヨ。ヒツヨウナラ、ナイカテイヲムカエニダシテモヨイガ、ドウカ」

(各派遣部隊の指揮官は、一五日正午、防備隊に集合せよ。必要なら、内火艇を迎えに出しても良いが、どうか)

島尾は不思議に思う。「特攻戦が発動されている最中に、昼日なか防備隊はなぜ内火艇（エンジンを搭載した小型船舶）まで出そうと言うのだろう」

「さしせまったこんな日に、どんな用件があるのか見当がつかないが、私は山道を歩いて行くつもりだ。自分の足で土をふみつけながら、しぼるほどの汗をかいてみたい」

八月十五日の太陽は高く上がった。島尾は、山道を歩きながら、考えを巡らす。

おととい夕刻の「特攻戦発動」

昨日午後の「即時待機ノママ第一警戒配備トナセ」

そして深夜に届いた今日の集合命令

わずか一昼夜の間の死への猶予……いったい何なのだろう。

恐怖は小刻みに引き延ばされていく。

「トッコウタイハタダチニハッシンセヨ」

発進命令が出る瞬間を想像したりもした。

その一方で、やりきれない不安がよぎる。

「この待機の状態は切換えられることなくいつまでも続くのではないか」

運命が司令部の掌で弄ばれている……

島尾はその時の心の振幅を「よほどがんばっていないと自分の立っている所さえ見失って

しまいそうだ」と言っている。

ドキュメンタリー取材のインタビューで、私は元搭乗員の方たちに、八月十五日に揺れ動いた心の内奥までを聞き取ることはできなかったが、島尾の心を吹き荒れた嵐のただ中に身を置いてみると、あの二四時間を襲った「死」への猶予が、「震洋特別攻撃隊」にとっての「特攻」だったのだという思いに至った。

死を含んだ二夜を耐えて迎えた八月十五日の朝、島尾は大島防備隊までの山道を歩いている。人は死ぬ時、一生の内のあらゆることを瞬時に思い出すというが、島尾にはこの時、自分が疾走した特攻への道が頭の中を駆け巡ったかもしれない。全てが死へと繋がっていた青春の道を。


「帝国陸海軍は、アメリカ、イギリス軍と戦闘状態に入れり」

九大の下宿先で開戦のラジオ放送を聞いたあの声が全ての始まりだった。

二十六歳で文学への志を捨て、志願して海軍の予備学生になった。

二十七歳で第一期の魚雷艇学生として、特攻を志願、海軍少尉に任命された。

五ヶ月後「第18震洋隊」指揮官となり、奄美加計呂麻島に基地を構えた。

南島で、ひたすら出撃の日を待った。
海軍中尉となった翌年の八月十三日、遂に特攻命令を受けた。
しかし、即時待機。命が浮いたまま、今、島尾は山道を歩いている。
名も知らぬ小鳥が鳴いている。

「味方の特別に秘められていた作戦が成功して、敵の勢力を日本の周辺の島々からすっかり消してしまったのではないか。今日そのことで防備隊では新しい戦況にもとづいた作戦を検討し直す相談が行われるのではないか」……いや、そんな筈はないとも思う。

その時、突然閃く。

――逃げてしまった夢の尾を、ひょいとつかまえた思い出し方で、内火艇の謎がほどけそうになった……センソウハ、オワッタノカモシレナイ、という考えが頭に来た――

（『出発は遂に訪れず』）

一時間ほどの道のりを歩き終えると防備隊に到着した。
すぐに尋ねる。

「今日の召集は何でしょうか」
「正午に陛下のご放送があるはずだ」
「無条件降伏だよ」

――ムジョウケンコウフク、と私は頭の中で反芻した。（中略）ただ、肉声ではっきりとそのことばが発音されると、取りかえしのつかぬ重さを装い出す――（『出発は遂に訪れず』）

島尾が疾走した特攻の道が突然に消えた瞬間だった。もう道は無い。行き止まりだ。

正午の玉音放送を聞いたが、雑音が多くて聞き取れなかった。その後、司令官が、日本が無条件降伏を受け入れたことを伝えた。そして、各指揮官は、各自の隊員にそれを伝え、軽挙妄動することが無いようにとの訓示を受ける。その直後、島尾は特攻参謀に呼ばれた。

「司令官の達しで分かったと思うが、今のところ単に戦闘を中止した状態ということだな。だからもし敵が不法に近接したときは突撃しなければならない。……君のところの特攻艇だが、ご苦労だけれど即時待機の態勢を解いてもらっては困るんだ。こちらから指示するまで、今のままで待機してほしい。ただし信管は抜いておいてほしいな」（『出発は遂に訪れず』）

軽挙妄動とは、休戦を無視して敵に突込むことを意味していた。「震洋隊は爆薬を積んだまま特攻を果すのではないか」。司令部は島尾部隊の反乱を恐れた。

部隊に戻ると、もう陽は傾きかけていた。島尾は、再び総員集合をかけ、広場に集まった一八〇人の隊員を前にこう訓じた。

「天皇陛下におかせられてはポツダム宣言を受諾することをご決意になり、本日、詔書を渙発なされた。つまりわが国は敵国に対し無条件降伏をした。各隊はただちに戦闘行為を停止しなければならない」。

かすかな動揺があった。

「特攻戦に対する即時待機の態勢はまだ解かれてはいないから間違わないように。信管も挿入したままにせよ。戦闘停止ということはあくまでも暫定のものだから、もし敵艦が正式な交渉を待たずに勝手に海峡内に侵入してくればわが隊は直ちに出撃する」(『出孤島記』)

この時、隊員達が聞いた島尾隊長の「即時待機」は、ほんの二日前の「即時待機」から「特攻」のエネルギーを完全に抜き取ったものに聞こえたに違いない。「特攻」は目の前から完全に消えてしまったのだ。それでも、島尾は、特攻参謀の指示に反し、「信管は挿入したまま」と命じ、特攻の態勢を完全に解こうとはしなかった。

不穏な、得体の知れない空気が隊を覆った。「得体の知れない」とは、一体どれだけの衝撃を内胞していたものか。この瞬間を隊員たちは一生忘れない。部隊は完全な虚脱状態に陥った。そんな状況下に、ある情報が入って来る。

「詔勅の放送を聞いた特攻司令官が、沖縄の中城湾に特攻突入をかけた」

これは沖縄戦の航空特攻の指揮官宇垣纏《はじめ》のことだ。八月十五日、宇垣は、大分の航空基地から二人乗りの艦上爆撃機「彗星」五機を率い出撃。「自分たちもお供を」と、二二人が行動を共にしたのだ。これを聞いた島尾部隊の先任将校は、無条件降伏のだらしのないことと大和魂の喪失を嘆き、宇垣長官を武人の手本だと讃えた。また、十六日には、「神風特攻隊」を指揮し、特攻の父と呼ばれた大西瀧二郎が割腹自殺を図っている。司令官から隊員まで、敗戦の激震は続いた。

敗戦はどう伝えられたか

では、一一三もの各震洋部隊に、敗戦はどのように伝えられたのか。「人間兵器震洋特別攻撃隊」（荒井志朗監修）には、各部隊の八月十五日が記載されている。一覧すると、戦争が終わったことを知らされた日付は必ずしも十五日ではなかったが、集計してみると、次の様になった。（数字は部隊数）

八月十五日に知る　ラジオ玉音放送31、司令部或いは警備隊、突撃隊、部隊長より伝達18、無線、電報による2、新聞号外1、民間人から聞く2

八月十六日に知る　司令部或いは警備隊、突撃隊、部隊長より伝達10
八月十七日に知る　司令部或いは警備隊、突撃隊、部隊長より伝達6
八月十八日に知る　警備隊より聞く1
八月十九日に知る　司令部より聞く1
八月二十三日に知る　終戦の詔勅奉読により知る1
その他、未回答あり。

回答によると、玉音放送は雑音のためにほとんど聞き取れなかったので、後に部隊長に確認してもらったという部隊がほとんどだった。集計していくと、十五日が空白になっている部隊があることに気づく。例えば、特攻を果したフィリピンや沖縄のように玉砕、解隊した部隊には、当然、八月十五日は存在しない。他に、海没により解隊し、十五日を迎えられなかった部隊も多い。数字は決して饒舌ではないが、冷静に「戦死」を告げている。

また、孤立したために、敗戦を信じることが出来なかった隊員もいた。第二章でふれた第10震洋隊の蛯澤金次さんがそうだ。コレヒドール島で特攻を果した第12震洋隊を見送った後に出撃したが、会敵できず基地に戻り、陸戦に合流した。しかし、八月十五日の敗戦を知らず、必死に洞窟から洞窟へと逃れる。その間、戦友は次々に戦死。食べ物も水も無いまま地獄の戦場を生き抜いた。投降の勧告を受けるが、蛯澤さんは応じなかった。敗戦を信じることが出来なかったからだ。約五ヶ月後の昭和二一年一月、ついにアメリカ軍の捕虜となるが、「特攻隊員」と判明したため、戦犯容疑にかかる。

一七年前のテレビ取材の時、私は蛯澤さんにこんなインタビューをしていた。

――戦後、震洋隊の隊員だったことを話したくないというお気持ちはありましたか

「話したくない気持ちはあります。だって、戦争には行ったけど、遊びに行った訳じゃないんですよ。そうでしょー」

今となっては、その心情を汲み取れなかった自分が恥ずかしい。

切腹

死を覚悟した特攻兵にとって、「戦争に負けた」と聞いた時の衝撃はどんなものだったのだろう。私が一番に思い出すのは、第30震洋隊搭乗員だった荒井志朗さんの話だ。

「その時に我々は、白鞘の短刀*で腹切って死のうと。国が負けたんだから、みんなで腹切って死のうという、そういう教育を受けている訳ですから。特攻と言うのはそういう教育ですよ。そしたら、部隊長から『待て』って。部隊長の命令は、これはもう天皇の命令と同じですから。そういう教育ですから。ずーっと、部隊長の言う通り」

割腹自殺した将軍がいたのだから、荒井さんたちの様に血気に逸る隊員たちがいたのは当たり前だったかもしれない。とにかく、敗戦の告知は寝耳に水だった。

先程の「敗戦はどう伝えられたか」の資料から、主な反応を取り上げてみると、「全員号泣した」「ショックだった」「怒りで体が引き裂かれそうになった」「信じられなかった」「これからどうなるのか不安だった」「切腹する」……と続く。

＊ 震洋隊搭乗員には、連合艦隊豊田副武司令官から白鞘の護国刀が授与されていた。

一方、指揮官からこんな訓話を受けた部隊もあった。

護国刀

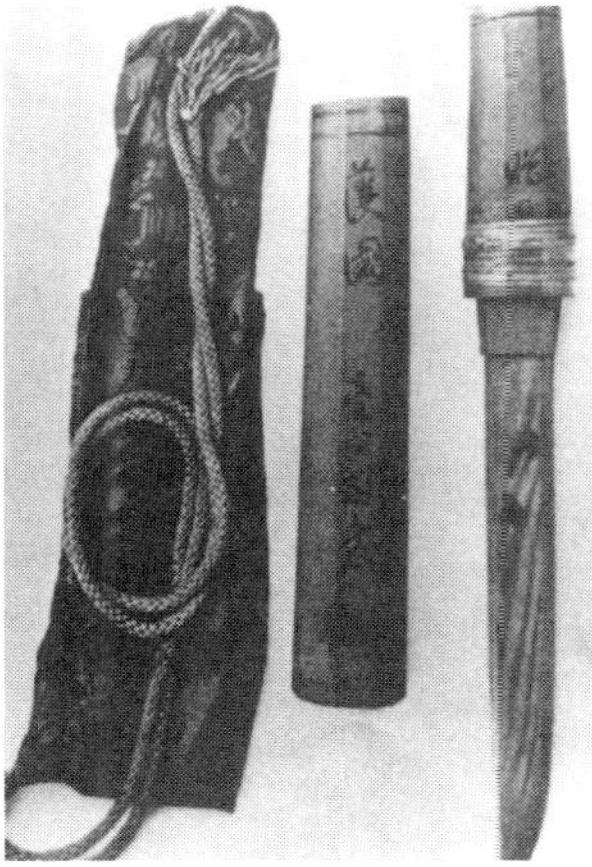

「死んだ者には極めて遺憾だが、生き残った者は健康に留意し祖国の再建に努力せよ」（第113震洋隊）

「日本は敗れたが、日本は決して滅びない。特攻隊員として死ぬのは容易だが、これからを生きていくのはそれ以上に難しい。幸いに生き延びたたった一つの生命を大事に郷里へ帰れ。国の再建に努めてほしい」（第136震洋隊）

「特攻隊員として死ぬのは容易だが、これからを生きていくのはそれ以上に難しい」と諭した部隊長は、島尾と同期の斉木進五。人間魚雷「回天」搭乗の経験を持っていたと聞く。

島尾部隊にも、多少の騒ぎはあったが、結局何事も起こらずに済んでいる。艇の爆薬を海に沈め、艇は全て処分した。ほとんどの部隊が同じ様な自沈の処理をし、震洋艇はあっという間に姿を消した。にわか仕立てで誕生した艇の寿命は一年余り。命を託した特攻艇の短い運命だった。特攻は終ったのだ。

九月一日、島尾敏雄は輸送船指揮官として奄美を脱出、五日に解員手続きを済ませ、（その時、大尉に任官）六日に佐世保駅前で部隊を解散している。第18震洋隊が編成されてから一〇ヶ月と二二日目のことだ。「震洋隊」の解隊に際しては、特攻搭乗員はGHQから危険視されていたので一番先に基地を離れるよう指示されたという。台湾にいた荒井さんは、「特攻軍を早く日本に帰せと、逆にアメリカが船を出してくれたんです。だから、我々は日本に帰れたんですよ」と語った。

第七章

震洋の最期

「幻の横穴のうつろが見えたようであった」

混乱

戦争は終った。しかし、震洋隊の戦争はすぐには終らなかった。八月十五日以降、新たに特攻戦が発動された部隊があったからだ。

八月十六日　第49震洋隊（高知・須崎市野見）「出撃待機」後に解除。

第128震洋隊（高知・手結）「土佐湾を米機動部隊北上中。コレヲタダチニ撃滅セヨ」。出撃準備完了の午後七時火災が発生し、大爆発が起きる。震洋艇二三隻と兵士が空中に投げ出され一一一名死亡。

第132震洋隊（高知・土佐清水）「出撃命令」後に誤報と判明。

八月十七日　第68震洋隊（千葉・笹川）「出撃準備体制整備急ゲ」の下命を受けたが、二十日か二十一日に部隊解散。

第131震洋隊（鹿児島・川内）「緊急発進命令」を受けるが、敵影ではなく漁船の灯火と判明。

第140震洋隊（静岡・稲取）「大島沖浮上北進中ノ米潜水艦二隻ヲ攻撃セヨ」の出撃命令あり。敵潜水艦が急速潜航のため、不発に終わる。その後徹底抗戦の構え。

他に、八月十九日、信管取り外しの際、爆発事故を起こし、八名死亡した部隊もあった。やはり「震洋艇」の爆発事故は多い。そんな中で、震洋隊史上最大の悲劇が起きる。

大爆発事故

「震洋」一一三部隊を俯瞰しても、また、戦後の大混乱の中でも、八月十六日に起きた高知第128震洋隊の爆発による事故は甚大だった。全部隊の記録誌「人間兵器震洋特別攻撃隊」のページをめくっていくと、桜の花びらに縁取られた兵士の写真に出会う。ドキリとする。本稿の執筆に当って、私はこの記録誌を幾度見たことだろう。だのに、このページに来ると、決まってドキッとしてしまう。恐いのだ。そこには、亡くなった搭乗員二三名の顔写真と出身地が記されている。他にも整備隊員、基地隊員などの多くが亡くなり、総数は一一一名に上る。特攻で死んだのでは無い、事故だったのだ。

本土決戦に備えた「決号作戦」のもとに、「震洋隊」は、先ず南九州と四国に配備されている。鹿児島に次いで高知が多いのは、アメリカ軍が南九州に上陸する際、アメリカ艦船の避泊地になるのではないかと判断されたからだ。四国八部隊の内、五部隊が高知に置かれた。これら五部隊は、第8特攻戦隊の第23突撃隊に所属している。特攻戦隊とは、本土決戦に備えて昭和二〇年三月から新たに編成された組織で、震洋隊はその主力となった。

事故を起こしたのは、高知県香美郡夜須町の手結《てい》に基地を構えた震洋隊だった。「人間兵器震洋特別攻撃隊下巻」(荒井志朗監修)には、元搭乗員の木下福太郎さんが次のような報告をしている。

「八月十五日、総員集合。竹中部隊長から天皇の敗戦の詔勅を体し待機するよう命令があった。翌十六日午後、炎暑の中、全員が虚脱状態にあった時、須崎市の第二三突撃隊司令部から『土佐沖を米機動部隊北上中、これを直ちに撃滅せよ』との命令が下った。二五隻の震洋艇を浜辺に引き出し出撃準備完了の午後七時ごろ原因不明の火災が一隻から起こり、この消火作業中、火炎で過熱した信管が作動したのか突如大爆発を起こした。火柱は二〇メートルの高さに上がり、艇は次々と誘爆して二三隻が吹き飛び、兵士も中空に散華した」

兵士の肉片は飛び散り、辺りは異臭に覆われたという。震洋史上、最大で最悪の爆発事故が起きたのだ。先に述べたフィリピンや奄美、鹿児島などの爆発事故も含めて、震洋艇の欠陥は、実に多くの犠牲を生んでいる。特攻艇「震洋」の末路は、海没、爆発、自沈と惨憺た

震洋隊国内配置図

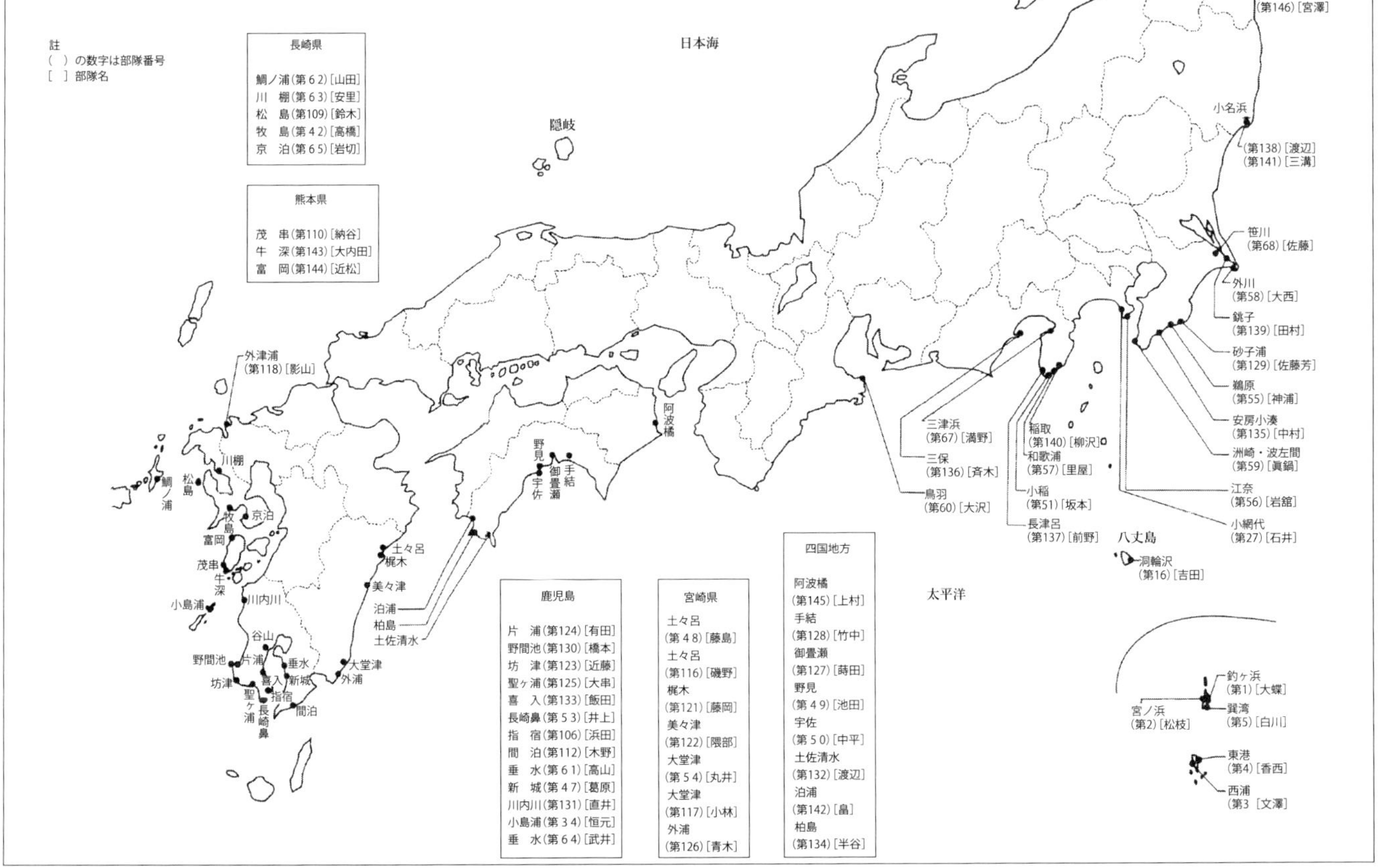

註
（　）の数字は部隊番号
［　］部隊名
日本海
隠岐
太平洋
八丈島
長崎県
鯛ノ浦（第６２）［山田］
川　棚（第６３）［安里］
松　島（第109）［鈴木］
牧　島（第４２）［高橋］
京　泊（第６５）［岩切］
熊本県
茂　串（第110）［納谷］
牛　深（第143）［大内田］
富　岡（第144）［近松］
鹿児島
片　浦（第124）［有田］
野間池（第130）［橋本］
坊　津（第123）［近藤］
聖ヶ浦（第125）［大串］
喜　入（第133）［飯田］
長崎鼻（第５３）［井上］
指　宿（第106）［浜田］
間　泊（第112）［木野］
垂　水（第６１）［高山］
新　城（第４７）［葛原］
川内川（第131）［直井］
小島浦（第３４）［恒元］
垂　水（第６４）［武井］
宮崎県
土々呂
（第４８）［藤島］
土々呂
（第116）［磯野］
梶木
（第121）［藤岡］
美々津
（第122）［隈部］
大堂津
（第５４）［丸井］
大堂津
（第117）［小林］
外浦
（第126）［青木］
四国地方
阿波橘
（第145）［上村］
手結
（第128）［竹中］
御畳瀬
（第127）［蒔田］
野見
（第４９）［池田］
宇佐
（第５０）［中平］
土佐清水
（第132）［渡辺］
泊浦
（第142）［畠］
柏島
（第134）［半谷］
外津浦
（第118）［影山］
川棚
鯛ノ浦
松島
牧島
京泊
富岡
茂串
牛深
小島浦
川内川
谷山
野間池
片浦
垂水
坊津
喜入
新城
聖ヶ浦
指宿
長崎鼻
間泊
大堂津
外浦
土々呂
梶木
美々津
泊浦
柏島
土佐清水
野見
宇佐
御畳瀬
手結
阿波橘
室浜
宮戸島
（第146）［宮澤］
小名浜
（第138）［渡辺］
（第141）［三溝］
笹川
（第68）［佐藤］
外川
（第58）［大西］
銚子
（第139）［田村］
砂子浦
（第129）［佐藤芳］
鵜原
（第55）［神浦］
安房小湊
（第135）［中村］
洲崎・波左間
（第59）［眞鍋］
江奈
（第56）［岩舘］
小網代
（第27）［石井］
三津浜
（第67）［満野］
三保
（第136）［斉木］
鳥羽
（第60）［大沢］
稲取
（第140）［柳沢］
和歌浦
（第57）［里屋］
小稲
（第51）［坂本］
長津呂
（第137）［前野］
洞輪沢
（第16）［吉田］
釣ヶ浜
（第1）［大蝶］
宮ノ浜
（第2）［松枝］
巽湾
（第5）［白川］
東港
（第4）［香西］
西浦
（第3　［文澤］

るものだった。それは「にわか仕立ての特攻艇」の宿命だったのかもしれない。

手がかり

これについては、島尾も戦後高知を訪れ取材を行っているが、事前に調査したり、関係者を紹介してもらうやり方ではなく、偶然に任せている。「あからさまな調査の姿勢を取ることにはなぜか気おくれがつきまとう。その場その場でたまたま行きあわせ、幸いにも知ることを得た、という状態が最も好もしいと思えた」と言っている。いかにも島尾らしい。そんな具合だったが、タクシーの運転手から情報を得たり、喫茶店のマスターから当時の話を聞いたり、昔の隊員を知る女性に出会ったりもした。しかし、出撃命令の確かな出所と、指揮官の動静という、事故の核心を突くことはできなかった。探し求めた「横穴」は、基地跡近くに六本作られていたというが、これも確認することは出来なかった。

ところが、高知取材のほぼ一ケ月あと、島尾は偶然にも強力な手がかりを得ている。「第一期魚雷艇学生」の同期会で、事故の収拾に当った現地指揮官から話を聞くことができたのだ。彼は、爆発を起こした第128震洋隊を含む手結の海上部隊の指揮官を兼務していた。『震洋発進』の内容が極めてリアルで、一級の資料となっているのは、島尾が同期の戦友から「生」の話を聞いている点だ。何といっても、震洋隊の指揮官や艇隊長に多くの同期生がいたのは強みである。では、島尾が聞き取った事故のあらましを要約してみる。

八月十六日の午前中、高知沖に敵艦船北上中とか、「第一警戒配備」が下令されたりして、現場付近は騒然としていた。すると、第128震洋隊の通信担当下士官から、「須崎の司令部から『特攻戦用意』、続けて『出撃用意』の下令があった」と伝えて来た。その時、手結の基地方向に大音響を聞いた。すぐに電話をかけると、通信兵は「えらいことです。震洋が爆発しました」と言ったが、その電話口で「助けてくれー」という悲鳴が聞こえた。必死で無線を傍受すると、「手結方面の震洋隊と魚雷艇隊は敵艦船に突入するものなり」という電信を捕まえた。しかし、どちらの部隊も突入してはいない。事態が正常で無いことに気づき、急いで救援に向かう。現場は惨憺たる情景だった。材木を集め、白木の棺を八〇個作って遺体を収容し、海岸でガソリンをかけて焼いた。実によく晴れあがった日であったが、黒煙がもくもくと立ち昇るその光景がいつまでも目に残った。

島尾が聞き取ったこの話と、先に記した元搭乗員の報告を突き合わせると、おおよその全容が浮かび上がって来る。敗戦直後の異常な集団心理の下で大混乱が起きたのだ。命令を出したとされる須崎の司令部は否定したというが、本土決戦に備えて急きょ組織された特攻戦隊第23突撃隊からの出撃命令は高知五部隊のうち、三部隊になされている。いずれも誤報だった。指揮系統の混乱、情報の錯綜等が大惨事を招いたのか。未だにその真相は明らかにされていない。

「生き永らえてすまん」

事故が起こったのは敗戦翌日である。「戦争は終ったのに、なぜ」。隊員はもちろん、遺族にとっても悔やんでも悔やみきれない死だったろう。戦争は酷い。

一九五六（昭和三一）年、地元の夜須町では浄財を集めて慰霊塔を建立し、毎年八月十六日には慰霊祭を行っている。慰霊塔の横には「青春」と題した飛行服姿の搭乗員のブロンズ像が立つ。元々パイロット志願だった少年兵たちの気持ちを汲んでのことだろう。像は、三七回忌にあたる一九八一（昭和五六）年、生き残りの隊員たちによって作られた。青空に映える「青春」の像を見上げながら、元隊員達はどんな思いを抱いたのだろうか。

この章の最後に、私が取材で現地を訪れた時に受けた衝撃を伝えておきたいと思う。それは、生き残った隊員達の気持だ。慰霊塔の横にある石灯籠の中に納められていた木札を、カメラマンが見つけた。木札にはこう書かれていた。

「生き永らえてすまん」

「此処に立つ心震えて足すくむ」

震洋隊最期の悲劇を呑みこんだ第128震洋隊の横穴は、すでに崩落していた。島尾はそれを前に、「幻の横穴のうつろ」とつぶやく。もう、誰も知らない特攻の話だ。

「青春」ブロンズ像

第八章

特攻の戦後

「震洋体験を伏せておきたかった」

生き残った特攻隊員

戦争は終った。太平洋戦史上、初めての特攻部隊として誕生した「震洋隊」は、戦争末期マスプロ化され、全一一三部隊、隊員は二七〇〇〇名余りの最大規模を誇った。内、特攻を果したのは、コレヒドールと沖縄の二部隊だけである。これら特攻死と、地上戦による戦闘死は一〇〇三名であった。

震洋隊戦死の大半は基地進出途中の海没だった。その数は一一六六名。爆発事故死一三二名。マラリア等による病死が二一七名、不明者もいるが、推計戦死者は、二五〇〇余名になる。ということは、九割に近い二四五〇〇名近くが生き残ったのだ。島尾の言葉によれば、「ほとんどの部隊が一回の戦闘も交えることなく、多くの隊員が戦闘行為を放棄し戦後の市井に拡散し消え去った」のである。

しかし、市井に拡散した元特攻員たちが「震洋体験」を語ることは無かった。それにしても、なぜこれほどまでに「震洋」は埋もれてしまったのだろうか。

一つには、敗戦後の日本では、誰もが生きていくのに精一杯だったからだ。震洋隊員も勿論そうだったろう。あの時代、戦争体験者、殊に特攻隊員への風当たりは厳しかった。敗戦直後、日本の価値観は一変し、「特攻」というだけで、敬遠されたからだ。

象徴的なのは、第二章で述べた空の特攻「神風」の関行雄の評価だ。日本初の特攻を果し、大戦果を挙げ「軍神」と崇められ、新聞も大々的に報じた。「唯額ずかん・この忠烈」「必死必中の体当たり」の見出しをつけ、「至誠の華」とまで讃えた。「われわれはこの最期の軍神によって吹き起こされた神風に一億必死必忠の新たなる決意を以て続かねばならない」などと煽動もしている。関の実家には表敬訪問の人々が引きも切らず訪れ、一挙に「時の人」となる。しかし、敗戦後は、戦争を煽った軍国主義の手先として批判を浴びた。関の母親は隠れるようにひっそり生きたという。極端な掌返しではないか。

こんな話を聞くと、一夜にして豹変するマスコミや世間というものの恐さを感じてしまう。しかし、それこそ掌返しに敗戦を告げられた世間には、そういった時代の空気が蔓延していたのだろう。だから、震洋隊員も「特攻」であったことを隠したのではないか。もし、語るにしても「震洋」は「神風」や「回天」に比べると、戦果を上げなかったので、数は多いのに影が薄い兵器でもあった。申し訳ない言い方だが、いわゆる「華」が無かった。（戦争の「華」とは何かと問いたくもなるが、……）もう一つ思い当たるのは、「震洋」が秘密兵器だったことである。隊員達は「『震洋』は秘密兵器だから、絶対に外に漏らしてはならない」と厳しく命じられていた。「秘密＝隠す」は隊員たちに強く刷りこまれた。だから、戦争が終わっても、口外しなかったのではないか。こうした幾つかの理由が重なって、秘密兵器「震洋」は海の底に沈み、誰も知らない特攻となった。

島尾隊長の戦後

では、島尾はどうだったのだろう。彼は、一八〇人の部下を率いる特攻隊長であったから、部下の隊員達とは異なる立場で特攻を生きた。それでも、いや、だからこそ、「戦後すぐの頃は、そのことを余り話したくなかったし、考えたくもなかった」という。そうして、「長いあいだ戦時中の自分の環境を振り返るについての或るうしろめたさが除けず、震洋体験も伏せておきたかった」と述べている。

しかし、そういった気持ちを抱えながらも、島尾の戦後は慌ただしく過ぎた。復員後、神戸の実家に戻った島尾は、戦時下の大恋愛の相手、加計呂麻島の娘ミホさんと結婚。地元の専門学校の非常勤講師などで細々と生計を立てながら同人誌に参加、『単独旅行者』『夢の中での日常』を発表するなど、精力的だ。一九五〇（昭和二五）年には、震洋体験をもとにした『出孤島記』で、第一回戦後文学賞を受賞している。しかし、この間に家庭生活は荒廃し、夫婦の壮絶な葛藤が続く。修羅はやがて『死の棘』に描かれ、島尾の代表作となる。ある評論家が言ったように、島尾は生涯、戦争を抱えて生きたともいえる。

戦後三二年を経た一九七七（昭和五二）年に、島尾は「特攻体験と戦後」をテーマに吉田満氏*との対談を行っている。その中で、島尾は戦後の日々をこう語った。

「……もう、どういうんですかね考えても、ほんと、つまらない日々を送りましたね。やっぱり一種の虚脱……。崩れというか……」

「……自分が完全に胸を張って、戦後に生きる理由というのが、どうしてもつかめずに、なにか少し後ろめたい気持ちが消せなかったですね」

対談相手の吉田氏も、「戦争を体験したことの重要な意味の一つは、どうもそういう後ろめたさの実感にあるので、今でもそれから逃れられないで、……」と、「後ろめたさ」を自身の中に認めている。

＊ 吉田満（よしだみつる）一九二三（大正一二）年東京生まれ。一九四三（昭和一八）年、東京帝国大学法学部在学中に学徒動員で海軍に入る。島尾の一期下の海軍兵科第四期予備学生。一九四四（昭和一九）年、戦艦「大和」で沖縄特攻戦に出撃。敵の攻撃を受け艦は沈没するが、吉田氏は駆逐艦に救助されて生還し、『戦艦大和ノ最期』を著す。

話は横にそれるが、この対談の後日に書かれた吉田氏の文章に「なるほど」と思った件がある。

――純文学の作者は概して如才のない社交家であるはずはないが、島尾さんはとりわけ独特の風格のある謙遜家で、よほど奨められても床の間（上座）には坐ろうとしない人だときいていた。ところが初対面の挨拶がすむと、司会者のひと言でさっと上座に座を占めた。それは予備学生出身の海軍士官が一期後輩を前にしたとき、おのずから立居振舞にかもし出す貫禄のようなものであった――

（「島尾さんとの出会い」）

敢えて引用したのは、私の体験を語りたかったからだ。確か、二十四歳くらいの時だったと思うが、島尾敏雄の講演を聞いたことがある。氏の母校である九州大学文学部の階段教室だった。それまで読んでいた作品から、繊細で神経質な作家を想像していたのだが、登壇した姿を見て驚いた。実に堂々とされていたからだ。長身の背筋をピンと伸ばし、大きな声でよどみなく話された。イメージとかけ離れた存在感にびっくりしてしまった。そして思った。「やはり、特攻隊長」なのだと。島尾敏雄の一度きりの印象だが、なぜかいつまでも記憶に残っている。だから、吉田氏の感じた「先輩の海軍士官の貫禄」に肯いてしまったのだ。それともう一つ、講演会の頃はまだ学生運動が盛んで、新左翼系のヘルメットをかぶった学生が出入りしていた。九大繰り上げ卒業で、海軍予備学生になった島雄は、そんな母校をどうみただろうかと気になったので、つい書き添えてしまった。

吉田氏との対談の五年後、島尾はもう一人の人物と対談する。第三章で述べた豊廣稔氏だ。豊廣さんは、沖縄で特攻を果した第22震洋隊指揮官であったにも拘らず生き残った人だ。「死ぬつもりでいたのに、たまたまそういうことになって生き延びた」と悔いながら戦後を生きた。対談した島尾は、『震洋発進』で、こう述べている。

——私もまさしく死ぬつもりでいたのにたまたま生き延びた一人にちがいなかった。二人とも「生き残ってだらしがないな。特攻隊の風上にも置けないな」という溜め息がつい唇をもれてしまう場所に居た——

ここには、「死ぬつもりでいたのに、生き残ってしまった」という後ろめたさを背負った二人の特攻隊長の心の在り処が示されている。対談の時、豊廣さん五十八歳、島尾敏雄六十五歳……、「震洋特攻隊」時代はわずか一年足らず。だのに、戦後四〇年の歳月を経て尚、あの時の一瞬に二人はため息をつくのだ。

部下の戦後

では、隊員達はどうだったのだろうか。生き残った二四五〇〇余名の戦後をなぞることは出来ないが、敗戦後、生計を立てる事は容易ではなかったはずだ。予科練出身の少年搭乗員のほとんどが中学卒業程度の学歴であり、整備隊、基地隊員はたたき上げが多く、高学歴では無かった。しかも、「特攻」のレッテルが貼られていれば尚の事、就職は難しかっただろう。その辺りの事情を推察できる島尾の回想がある。回想文は一九六五（昭和四〇）年に書かれたもので、元隊員達の幾人かとの再会を通して、部下の戦後が描かれている。戦争を知らない私だが、これを読み、「そうだったのか」と隊員たちの戦後を想像し、再会のシーンに胸を熱くした。

先ず、島尾自身、先の対談で「自分が完全に胸を張って、戦後に生きる理由というのが、どうしてもつかめず、虚脱状態だった」と語っている。しかも、軍隊時代の部下と会うことには更なるためらいがあった。「敗戦によって崩壊した軍隊を前にして、その行為がなんとなくおかしな要素を含んでいるという考えを私はふり払うことができず、その後、ずっとひとつの負い目と思って気持ちの上にしょってきた。隊員を思い出すことは、そのとき威厳をもって存在した階級が、装いをほどいてさばきを受けるみじめさにひたされる感じがあった」と述べている。震洋時代の隊員達にとって隊長は絶対の存在だった。第30震洋隊の搭乗員だった当時十七歳の荒井志朗さんは、「部隊長は天皇と同じですからね。そういう教育を受けて来ましたから」と話したほどだ。だから、島尾は会わなかった。

しかし、戦後一三年を過ぎた頃、島尾は或る部下Yの訪問を受ける。彼は、熊本県阿蘇で木材会社に婿養子入りをし、事業家となっていた。子どもは二人。敗戦後の混乱の中で、身を立てて行く困難や不安を島尾への手紙によこしていた。再会はこんな風になされた。

——いつも、いきをはずませ顔を紅潮させて命令を待ち受けている青年らしいYのおもかげが私の目の底にあった。私の耳はまだ彼が私の官名を呼ぶいくらかかんだかく若やいだ声をいつまでも忘れてはいなかった——

（『私の文学遍歴』或る部下の事）

記憶は青年の面影や声と共にあった。回想は続く。

——さて、一三年の歳月をはさんで見たYは、記憶の中でこしらえていた彼の容貌の輪郭にうまく、あてはまってはくれなかった。青年期をすぎた肉体のおとろえと生活のつかれが彼の表情にかげりを与えていた。……しかし顔を見合わせるだけで了解し合えたとき、そこにはどんなことばも無駄に思えた。ふと理由なく、おたがいのこの世での敗残のすがたがかえりみられる気持ちになったのがへんだ——

（『私の文学遍歴』或る部下の事）

再会の夜、宿を共にしたYは、従兵時代と同じ様に、島尾隊長の背中を流し、肩や腰をもんだ。「彼はきのうの今日のことのように振舞い、歳月の断絶を私に感じさせなかった」と書いている。「みじめさ」は無かったのだ。戦後十数年を経ても、島尾は隊長であり、Yは、戦時と同じ従兵として隊長の身の回りの世話をした。「隊長」は敗戦後も「タイチョウ」だったのだ。これには後日談がある。島尾がYの住む阿蘇の山中を訪ねた時のことだ。二人の男の子は突然現れた「タイチョウ」を不思議な顔で見つめ、奥さんは「どんな不機嫌なときもタイチョウさんから手紙がくれば、すぐなおってしまうのです」と笑った。そんなYは、交通事故で瀕死の重傷となるが、命をとり止めた。島尾は「ふたたび彼の家族を訪ねたい思いでいっぱいだ」と、また会える幸福に感謝している。

もう一人、忘れられない部下がいた。島尾といっしょに震洋艇に乗ることが決まっていたS兵曹だ。突撃して、死を共にする運命のSは、「どんな感情も表情にあらわそうとはしない目の大きな色黒の岩乗な青年だった」

島尾はSと二〇年ぶりに思いがけない場所で再会する。昭和三九年、島尾は南日本新聞社から文化賞を受けたが、授賞式の当日、式場の入口でSが待っていたのだ。

――ただ私の顔を凝視し、陽にやけた赤銅色の赭顔の中で目ばかり光らせ挨拶のことばに窮しているぼくとつなその男が、かつてのS兵曹であることを私はすぐ了解した。彼は鹿児島の在で魚猟に従い、もう四人の子どもたちの親だと言った――

（『私の文学遍歴』震洋隊の旧部下たち）

私はこの場面が好きである。戦後、鹿児島で海に糧を求めて生きた元特攻隊員。果して、周囲に震洋特攻隊の話をすることがあったのだろうか。そんな彼が、鹿児島市の晴れやかな受賞式の会場を訪ねた。さぞ、ためらったことだろう。それでも、死を共にする運命にあった元隊長の受賞を祝うためにやって来たのだ。再会の時、彼は島尾をどう呼んだのだろうか。やはり、「タイチョウ」だっただろうか。その声を聞いてみたかった。

最後に、島尾が「震洋隊の旧部下たち」の終わりにどうしても書いておきたかったという人物を紹介したい。少し長くなるが、忘れ難いエピソードなので、引用させてもらう。

再会したのは、島尾が元部下Cの住む離島の製糖工場を訪ねた時だ。

――彼は私たちの部隊では唯一人の離島出身者であった。……部隊の中では彼は基地隊員の中の無能なひとりであった。基地隊員は補充兵役の年配の人たちによって構成されていたが、その中でも彼は目立った——

製糖工場の総務課長に尋ねてみると、彼は工場内の土木工事の人夫として働いていることがわかった。会わせてもらえないかと課長に頼むと、課長は彼を呼びにやらせた。

——私はわくわくしながらCの来るのを待った。やがて小走りに地面をたたくじかの足音がして彼があらわれた。皺はふえていたが、十五年、六年まえの端正なほりの深い男らしい容貌はそんなに変わっていなかった。彼は水兵のときと同じように方言なまりの強いことばでもどかしそうに私にはなしかけたが、よくわからなかった。「おやじ、おやじ」と何度もいうので注意してきくと、どうやら私のことを指すようであった。おそらく部隊の中でそう呼んでいたのかもしれなかった。彼は海軍のときの、襟首に黒い線でぬいとりをした白シャツを着ていたが、もう着古して茶褐色に変わっていた。しきりに構内の仮小屋に似た喫茶室につれて行こうとするので従うと、彼が運んできたらしいビールが、四、五本テーブルの上にのせてあった。私は生ぬるくなったビールがこころにしみ、幸福な感じでいっぱいになった——

なんとも言えないシーンである。島尾はCとの再会をこう結んでいる。

——彼は今もなお昔の部隊での生活のことばかり口にするので部落では「カイグン」と仇名されているそうであった。彼は軍隊生活には全く不向きな、むしろつらい思いを十二分に味わった者の一人であった——

沈黙を問う

再会は、どれも胸を打つ話だ。しかし、登場する元隊員達の生活が決して楽では無かったことは想像できる。阿蘇の山奥での材木業、鹿児島での魚猟師、離島の製糖工場での工事現場の人夫……、辺鄙な地での肉体労働ばかりだ。それでも、敗戦後必死に生計を立て、家庭を持った。そういえば、震洋隊の全記録を残した荒井さんは、取材の合間に元隊員達の家族写真を撮っている。奥さんと子どもさん、お孫さんが一緒の写真もある。普通の家族写真なのに、それを見た時私は胸が詰まった。戦後の様々が、写真に凝縮されていると感じたからだ。

太平洋戦末期、にわかに編成された特攻隊の一員となり、特攻を果せないまま生き残った。生きる喜びと死ねなかった無念を秘めたまま、ひたすらに戦後を生きた。敗戦の訓示で、「特攻隊員として死ぬのは容易だが、これからを生きていくのはそれ以上に難しい」と諭した或る部隊長の言葉が思い出される。「戦争というのは、負けてからの方が悲惨だ」と言った兵士もいた。彼らはただ黙って、「もはや戦後ではない」と言われる時代に貢献した。家族写真の下には短い言葉が添えられている。「生き永らえた人生をかみしめたい」。

「震洋特攻隊」の隊員たちの戦後は幸せだったのだろうか……、戦争を知らない私にはわからない。取材を重ねても、その答えを見出すことは出来なかった。が、ただ一つ、忘れることの出来ないインタビューがある。

コレヒドールで出撃したが、中止命令を受け、地上戦に加わり奇跡的に生き残った第12震洋隊搭乗員だった蛯澤金次さんへのインタビューだ。

――あの時、いっそ突撃していたら……、というお気持ちはおありですか

長く、深い沈黙が続いた。

「ウーン、まあ、それでおしまいですからね、蛯澤金次っていう者は。でも、生きているために戦犯容疑にかかって……、帰って来たら、今度は生活ですよね。それを思えば、あの時、さっぱり死んだ方がよかったかなって、とも思うし……」

――どうなんでしょう。震洋特攻隊だったということを今、誇りに思っていらっしゃいますか

蛯澤さんは、黙ったまま答を返さなかった。このインタビューは放送後、「あんなことを聞くものではない」とヒンシュクをかった。しかし、「震洋隊」を取材して、「特攻とはなんだろう。生き残った人たちは、今、どう思っているのだろう」と考え続けていた私は聞かずにはいられなかったのだ。聞いてはならない質問だったのだろうか。一七年前の沈黙の答を今も自分に問い続けている。

第九章

ノスタルジア

「おーいシマオ中尉！」

基地を訪ねる

部下との再会や特攻体験者との対談……。「うしろめたさが除けず、震洋体験も伏せておきたかった」と語る島尾が自らの体験と直に向き合ったのは、戦後二〇年近くを経てからのことであり、対談を行うまでには三〇年以上の時間がおかれている。そんな島尾だが、戦後一〇年を過ぎた頃、自身が隊長を務めた第18震洋隊の基地があった奄美の加計呂麻島を一人訪れた。そこで、震洋艇を隠した「横穴」を探した。基地があった呑之浦の入江が見渡せる高台に立って、点在する横穴の入口を眺めた時、「おーいシマオ中尉！」と声に出して叫びそうになったと告白している。

――その時私は、まるで基地の浜辺を散策している簡易服姿の自分がまざまざと見えるような、切ない思いにかられた。十年を経た現実の私の方が何やら影うすく、幽鬼がこの世の旺んな賑わいをうらやましげにそっと隙見でもする気持ちになったのがあやしかった――

呑之浦横穴

（『震洋発進』）

横穴を見つめながら、島尾の耳には、号令を伝えるホイッスルの音や艇を整備するエンジンの響き、槌の音や叫び交わす隊員達のざわめきまでが甦っていた。

この様な心理を一体どう解したらいいのだろう。あれほど辛い体験だったのに。もう見たくも聞きたくもない体験だっただろうにと、不思議に思ってしまう。しかも、一度だけではない。呑之浦の基地跡を一〇回近くも訪れているのだ。その理由を島尾はこんな風に述べている。

——でもなぜ度々私はその基地跡を見に行くのだろう。過ぎ去った日の追憶への感傷からか。たとえそれらの日が私にとってどれ程過酷であったとしても、歳月の波は万象の角を磨りへらしてしまうものなのか。それにそれが青春と重なっていただけに、ただに過ぎ去った若さへの思いを馳せるにとどまらず、それらの日々への追憶には今への甦りが感じられさえもする――

（『震洋発進』）

特攻の涙

突然だが、ここで、私は池田龍雄氏の特攻体験を紹介したい。「はじめに」で書いた、画家の池田氏のことだ。氏は、十六歳で海軍航空隊特攻隊員となったが、出撃前に敗戦となり生き残った。戦後は一貫して戦争の不条理を強く訴えている。そんな氏が、実に六〇年ぶりに、入隊していた鹿児島の海軍航空隊の基地跡を訪れた。それは、「生きている間に一度」という氏の悲願だったという。その折に、池田氏は知覧の「平和祈念館」を訪ねた。先ず、その時の感想を聞いてみよう。

――何よりも胸をうつのは、そこから飛び立って散華した数百人のひとたちの遺影と、遺された手紙や墨跡の数々である。……年齢を見ると。十四歳という信じ難い年齢もあるが、十六歳以上、十七、十八、十九と二十歳前後がかなり多い。十六歳といえば、まさにわたしもそうだった。私もその時、関東は霞ケ浦の航空隊で、明日かも知れぬ出撃を待つ身だったのだ。そのことを思うと、なんだか彼らは、ちょっとした偶然による私の身代わりだったような気がして、今、自分が生き残り、かくの如く、まるで他人事のように彼らの遺影をながめていることに言い知れぬ慚愧の念というか、誰に詫びようもない申し訳なさを覚えるのである——

（『池田龍雄の発言』何のために……）

少し長く引用させてもらったのは、生き残った島尾や震洋隊員の想いに相通じるというか、全く同じだと思ったからだ。戦後七〇年を過ぎてなお、「後ろめたさ」は消えていない。ところが、訪れた祈念館で、池田さんは思いがけない体験をする。飛び立つ特攻機が映し出されている映像を見た時のことだ。画面は凄まじい弾幕を潜り抜けながら必死に突っ込んでいく特攻機の姿を映し出した。

——わたしは無意識のうちに、映像の特攻機を自分が操縦しているような気持ちになり、一緒に操縦桿を握っていた。「あと四秒……あと三秒……」しかしそこでパッと火花が散る。敢えなく被弾。「残念！」とも「無念！」ともどちらともつかない叫びを胸の奥で圧し殺し、途端に涙が溢れ出てどうしようもなくなった——

（『池田龍雄の発言』何のために……）

自分でも思いがけない反応に、「いったいこの涙は何だろう」と氏は思う。私も聞きたい。政権の欺瞞を痛烈に批判し、戦後一貫して反戦を訴え続ける池田氏の涙の意味を。池田氏は、著書の中でこう説明する。

――「残念！」というのは、たぶん、あと一歩の所で目的を達せられなかったこと。「無念！」は、当の特攻隊員に成り代わっての、その悲業の死に対する思いだろう。そして、その思いの中には、「いったい何のために死んだのだ」という気持ちも潜んでいよう――

池田氏の発言で、特攻隊員の心理の一端が理解できたような気がする。氏は、祈念館での体験を「いわば肉体に深く刻み込まれた戦争の傷跡の一つなのだろう」と述べている。

私が手にした島尾の小説『鬼剥げ』の豆本を開いた時、先ず目に飛び込んで来た池田氏の絵。暗い青の不気味な生物がこちらを見つめている……。その瞬間、「特攻だ」と思ったのは、二人に共通する「無念」を直感したからだろうか……、わからない。が、それがきっかけとなって、私は「特攻」をテーマに選んだ。

さまよい

島尾は、基地跡を訪ねる理由を「過ぎ去った日の追憶への感傷から」と言い、横穴を見つけた時は、「言うに言えぬ胸のときめき」を覚えるとまで述べている。横穴への愛着というか、執着にも似た強い感情を抱いた。それはやはり感傷からなのだろうか。氏が「横穴」について語った言葉を拾い出してみる。

――見知らぬ土地をたずね歩いた末に、海辺に面した横穴の姿を見つめると、たとえ瞬時に過ぎぬとは言え私は若さの取り戻せた自分を感ずることができた。それは時の流れがふとどめられる如きあやしげな体験である。逆行するめくらめきさえ伴われるが、勿論すぐに私は又普段の時の流れに立ち戻り、更に疲労が重なるのをおぼえなければならない――

（『震洋発進』）

「若さを取り戻す」、「あやしげな体験」、「逆行するめくらめき」……、ノスタルジックな言葉がちりばめられている。島尾が執筆のため、高知の震洋基地跡を訪ねたのは、亡くなる六年前の一九八〇（昭和五五）年のことだ。「震洋の横穴」は一九八二（昭和五七）年に雑誌『潮』に掲載され、それから一年ごとの八月に「震洋発進」、続いて「震洋隊幻想」、そして、一九八五（昭和六〇）年に「石垣島事件　補遺」を発表。死後、『震洋発進』としてまとめられた。つまり亡くなる直前まで、「横穴」を求めていたことになる。そして、「……日に日に自然に戻りつつある忘れられた横穴を探し見た時に、自分の戻り行く黄泉の国への通い路を見つけた思いにさせられた」と書く。死を予感しての旅だからこその追想だったのか。とにかく、島尾は最後まで「震洋体験」にこだわった。見知らぬ土地を訪ね歩いた末に、海辺に面した横穴を求めてさまよい歩く姿は、「震洋」の墓場に幻を見る島尾の心象の様にも思える。

呼んでみよう「おーい、シマオ中尉」……。島尾は一九八六（昭和六一年）年、六十九歳で生涯を閉じた。

第十章

誰も知らない特攻

「一度も実戦を戦っていない」

コンプレックス

最初に述べた様に、私が「震洋特攻隊」を記録したいと思ったのは、十七歳で震洋隊特攻用員となり、現在九十二歳の荒井志朗さんを訪ねた時に氏が語られた一言だった。

「もう『特攻隊』なんていう話はわかんない、誰も知りませんよ。まして、『震洋』なんて。若い人は、『戦争』だって知らないんですから」

ショックを受けた。というのは、荒井さんはかつて一〇年以上の年月をかけて、震洋隊の基地のほとんどを巡り、基地の姿や「横穴」を記録した人物だったからだ。写真集は「人間兵器震洋特別攻撃隊」として一九九〇（平成二）年に出された。私は、テレビ取材の時も、今回も、この記録を底本とした。

取材から二〇年近い歳月が流れた。お目にかかった荒井さんは、「私は一七歳で、志願兵で戦争に行って、それで三年後に負けちゃったわけでしょう。それで二十歳には日本に帰って来たわけですから。それが今、九十二歳ですから。七〇年たっていますからね。だから、戦争についても頭から離れていますね。戦争の夢と言うのは、最近はほとんどみないですね」と、淡々とした調子で振り返られた。体験者の戦争も消えようとしているのだ。「でも」、と思う。荒井さんは、写真集の出版に当っては元隊員の方たちへ執筆を依頼され、こう呼びかけていらしたのに……

二千数百名の戦死者をだした震洋隊は、その特性からその全容は秘匿されたまま敗戦となり、今日に至るも多くの事が解明されておりません。……このまま推移しますと、万余の震洋隊員の歴史の真実は、永久に闇の彼方に消え失せてしまいます。……できるだけ正確な全貌をまとめて後世に残す機会は今日をおいて無いと思います。尊い犠牲となった震洋隊員の鎮魂と、再び悲惨な戦争が起こらないよう祈りながら、ご遺族の方々、そして戦争体験の無い人々に、震洋特別攻撃隊の真実の姿を記録し伝えたいと思います。

この時荒井さんは六十三歳だった。それから二九年。歳月は、「震洋」を闇に消し去ったのか。九十二歳の荒井さんに改めて伺った。

荒井氏近影（奥様と）

——荒井さんが震洋特攻隊だった事は、奥様もお子さんもご存知ないのですか

「特攻隊に行ったことは知っているけど、特攻隊がなんだっていうことはわからない。特攻とか言ってもわからない」

——悔しくはありませんか

「それはもう無いですよ。だって、自分の仲間たちが生きていない訳ですから」

——でも、若い人たちに知って欲しいとは思われませんか

「もう、そういう気持ちも今は無いですね。昔の戦争の話なんて……。元々兵隊になるなんてことは、今の人は全然考えていないからね。我々の若い頃は二十歳になったら、兵隊に行くんだと。今はそういう考え方じゃないから」

平和な時代が、「震洋特攻隊」を、そして「戦争」を消してしまったのか。質問を変えてみた。

——荒井さん自身が特攻兵だったということは、今でもプライドになっていらっしゃるのではありませんか

「そりゃ、そうですよね。特攻隊になったら、すぐに第一線に行けるっていう。しかも、それが国のためだっていうことでしょう。当時はみんなそういう教育を受けているんですか

ら。小学校からね」

ご本人の中では、やはり特攻は生きていた。しかし、プライドの裏には複雑な気持ちが隠されていた。

「特攻隊でも、僕たちの『震洋特攻隊』は普通の人は知らないですよ。名前を知っている人もいない。だって、『震洋』と言っても、『神風』と比べたらずっと下ですから」

ショックだった。元々パイロット志願で、空の特攻に憧れた搭乗員たちの「神風」に対するコンプレックス……。戦果の無かった「震洋特攻隊」……、胸を張って語れなかった理由の根はここにあったのかもしれない。

島尾は、「特攻、特攻といっても、結局出撃命令は出なかったから、自分は直接の被害を受けていない。一度も実戦を戦っていないむしろ弱い姿勢に終始したわけで、実は恥じらいの経験だった」と言い、「生き残ってだらしがないな」と嘆息し、その心情に「後ろめたさ」という言葉を当てた。生き残った体験者の多くが同じ想いだっただろう。彼らの胸の内には、「特攻」へのプライドとコンプレックスが同居している。だから、「震洋」には、ある種の「苦さ」がつきまとう。「特攻」として、死を覚悟した一途な気持ちに偽りは無かった。だのに、潔く死ねなかったという負い目と、生き残ったという安堵……、生と死の二つを抱えたまま戦後を生きた。一筋縄ではいかない「苦さ」だ。戦争の悲劇は、戦場だけでは無い。こうした戦後の日々にも潜んでいた。テレビ局時代、『幻の特攻艇震洋の足跡』と題したドキュメンタリーを制作し終えてからも、私には「わだかまり」が残った。それは、自分の力では理解できない「苦さ」をつかみとれなかったからだと思う。

沈黙の答

一つ、気がかりなことがある。それは、蛯澤さんの沈黙の答だ。インタビューでは、蛯澤さんの沈黙の意味を読み取ることができなかった私。

先に記した蛯澤金次さんは、第10震洋隊の特攻要員だった。コレヒドールで出撃命令を受けるが、中止となり、地上戦で死線をかいくぐった。お元気であれば、九十七歳。もう一度お話を伺えないかと、茨城のご自宅に手紙を出してみたが、宛先不明で戻って来た。

インタビューでは、沈黙を守った蛯澤さん。実は、戦後四〇年たった頃、コレヒドールに渡り、日本兵の遺骨を収集されていた。私は知らなかった。遺骨収集は、蛯澤さん六十四歳の時だそうで、インタビューよりずいぶん前のことになる。でも、蛯澤さんは一言も話されなかった。それを知った時、私は「ああ、そうだったのか」と昂ぶった。沈黙の答を聞いた気がしたからだ。沈黙は、「言葉では埋めることの出来ない空間」だったのだ。元特攻隊員たちの多くがそんな空間の中に生き、時には忘れようともした。だから、「震洋」は消え去った。

こうやって見て行くと、本書で紹介した元隊員の方達が、何らかの形で、自ら直に戦争と向き合い「沈黙の答」を出したのは、戦後四〇年近くたってからのことだと気付く。

蛯澤さんの遺骨収集は戦後四二年たってのことで、六十四歳。荒井さんが基地跡を記録し始めるのも戦後四〇年前後で、「人間兵器震洋特別攻撃隊」をまとめたのは、六十四歳の時だ。

爆発事故のあった高知の慰霊公園に、有志による「青春の像」が建立されたのは、戦後三六年を経てからであり、元隊員の多くが五十代半ばだった。

島尾が、遺作となった『震洋発進』にとりかかったのが戦後三五年からで、その時すでに六十三歳を過ぎていた。

先にも書いたように、島尾は突撃を果したコレヒドールの第12震洋隊と沖縄第22震洋隊にこだわった。そして、戦後四〇年を過ぎたころ、第22震洋隊の指揮官だった豊廣さんと面談し、特攻の顚末を聞き、一種の落ち着きを得たと語る。

——自分もその一端にかかわった奇妙な特攻部隊の戦闘状況の具体を知ることによって、

戦争のかたちというか、その姿のようなものが逆照射されてぼーっとした影絵のようであるが、しかと見えてきたように思えたからでもあろうか――
（『震洋発進』）

そして尚、それを確かなものにするために、コレヒドール行きを熱望する。「結局のところは自分の目でしかとその跡を確かめ見るのでなければ、胸のうちがわからの感情の発動は期待できないだろう」と語っている。しかし、体調を崩し、遂に叶わなかった。

私が取材でコレヒドールを訪れた時には、海岸に三つ、地上に二つの横穴を確認している。地上にあった横穴の入口は雑草で覆われ、すぐにそれとは分からない。ガイドから「ヘビがいますよ」と脅かされたが、入ってみると中は五メートルほどの長さで、隣の横穴と通じていた。島尾が訪れていれば、これ

コレヒドール横穴

呑之浦横穴

ら横穴にどんな戦争のかたちを見ただろうか。

苦い平和

最終章にたどり着いてこう思う。

島尾がこだわった「横穴」の沈黙は、震洋特攻要員たちの頑な沈黙と繋がっている。そうして、それは「震洋」の消えゆく運命を予告していたのだと。

例えば、戦後初めて基地を訪れ、「横穴」を見つけた時の島尾の感受。

「十年目に見下ろした入江に向って開いた空虚な暗い窮隆形のその穴は、全き無言のまま、その歳月の移り変わりを自身は徐々にその形を崩しつつ、静かにじっと見つめて来たとしか思えなかった」(『震洋発進』)

年月と共に崩れ落ちる「横穴」、もはや痕跡も留めない「横穴」、誰もがそれとは知らない「横穴」

……

なんだか、荒井さんの「もう、震洋なんて誰も知りませんよ」という声が聞こえてくるようだ。これが、戦後七四年を生きた荒井さんの正直な実感なのだと改めて思う。そして、「戦争とはそんなものですよ」「戦後生まれに戦争はわかりませんよ」という世間の囁きに口説かれそうになる。「横穴」はただの穴でしかなく、戦跡としての評価も無い無用の長物だ。時代の移り変わりを見つめて来た「横穴」の語りかけに耳を傾ける人など、もういない。まして、沈黙に秘められた「苦さ」に気づく人など。

だから、今の「平和」に「苦さ」は無い。「恥じらい」も「後ろめたさ」も疾うに消え去ってしまった。口当たりのいい「平和」が続き、それが「平和」というものになった。

このことについて、島尾が吉田氏と対談したやりとりの中に、注目すべき発言がある。

「……まあ、(戦争体験)は引きずってこざるをえなかったんだけれども、ぼくの気持の中では、後生大事にそれしかないというんじゃなくて、戦争はその後もずっと起こっているわけなんです。自分にも周囲にも。ただ表面の形が、戦争状態でなければ戦争状態でないような状況を現していますけれど、もう本質のところは、似たようなことなんじゃないんですか。

（中略）だから引きずってきているんじゃなくて、そういう状態はいつも周囲にあるし、自分も持っているということですね」（『特攻体験と戦後』）

この発言を、私は理解できなかった。「戦争と平和が似ているなんて」と思ったからだ。しかし、「震洋」が消えた足跡を改めてたどった今、「そうかもしれない」と考えるようになった。戦争体験者には、それぞれの戦場と、様々な戦後があっただろう。「震洋体験者」の多くは、言い表せない胸の内を沈黙に収め、忘れようとさえした。

しかし、島尾は、「横穴」を探し求めて、見知らぬ土地をさまよい歩いた。その姿に私はノスタルジックなものを強く感じたが、実は、戦後の苦い日々を「横穴」に語りかけていたのではないか。戦争という異常を記憶する「横穴」を、戦後の日常を生きる自分との通い路として。だから、島尾は発言した。「異常は日常と繋がっている」と。

二つのエピローグ

もう誰も知らない「震洋特攻隊」だが、最後に、残されたままの二つの事柄をエピローグとして記そうと思う。

エピローグその一　残された写真

一つは、基地進出途中に海没で亡くなった隊員たちのことだ。第四章でふれた様に、フィリピン派遣前後の進出途次に敵の攻撃で沈没し、亡くなった特攻隊員は四七〇名に上る。もう一度、数を記そう。

第1震洋隊（小笠原父島進出途次・常盤山丸）一〇名死亡
第4震洋隊（小笠原母島進出途次・い号寿山丸）六名死亡
第8震洋隊（レガスピー進出途次・豊岡丸）九五名死亡
第13震洋隊（コレヒドール進出途次・あとらす丸）八〇名死亡
第14、第15震洋隊（フィリピン進出途次・玉洋丸）二二一名死亡

第16震洋隊（八丈島進出途次・い号寿山丸）五七名死亡
そして、これ以降もアメリカ軍により、「震洋」は次々に沈められていく。
第20震洋隊（台湾高尾進出途次）七名死亡
第25震洋隊（台湾進出途次）三八名死亡
第38震洋隊（中国アモイ進出途次宮古沖にて）八四名死亡
第39震洋隊（石垣島進出途次・道了丸）一四三名死亡
第41震洋隊（宮古島進出途次・豊坂丸）三四名死亡
第43震洋隊（東シナ海航行中・讃岐丸）一六七名死亡
第101震洋隊（東シナ海航行中・讃岐丸）一五九名死亡
第109震洋隊（鹿児島沖にて・腎洋丸）六四名死亡

海没による「震洋隊」の死者は全部で一一六六名と推計される。その中でも、輸送船「讃岐丸」で台湾に向っていた第43震洋隊と第101震洋隊の死者は合わせて三二六名。震洋隊海没犠牲者の中でも群を抜いて多い。

私は、一七年前のテレビ取材の時、第43震洋隊の隊長だった佐藤芳郎氏に話を聞くことができた。この時の内容は今でも鮮烈だ。佐藤部隊は昭和二〇年一月に編成され、川棚六次の訓練を終えて、同月二十六日に佐世保を出航、輸送船「讃岐丸」で台湾の高雄へ向った。ところが、その二日後の二十八日、東シナ海で敵潜水艦の魚雷を受け沈没。一六七名の隊員が亡くなった。

——その時はどんな様子だったんですか

「やられた時？　やられた時は真夜中でしょう。ダダーンと来て、またダーンと来て、合計三発くらいいました。ほぼ全滅！　もう呆然もいいところ。（同乗していた101部隊と合わせて）三三〇名の隊員と震洋艇の全てを失いました」

言いながら、幾枚かの写真を取り出された。

「これは、人数分だけあるの。五人写っていれば、五枚ね」

写真は、四名または五名の搭乗員達の集合写真で、それが一〇枚あった。それぞれの人数分を入れると、五〇枚近くあることになる。

「写真を家族に送れと言って、川棚で写してくれた訳。でも、渡されたのは、もう出航間際なんだよ。結局、私が全部持ったままなの」

奇跡的に生き残った佐藤さんは、渡すチャンスを失ったまま、五〇年以上、写真を手元に置いていたのだ。

——じゃあ、ご家族には届いていないんですか

「家族には届いていない。ご遺族の住所も名前もわからない」

私は呆れながら、写真を見つめた。写真を持つ手が震えそうだった。
――じゃあ、ご遺族は今もご存じないんですか
「遺族は、自分の息子がどうして死んだかもわからない。震洋隊員であったということも知らない。そのまんまだということが多いと思いますよ」

酷い話ではないか。「戦死」という以外、なにも知らされていないなんて！　特攻隊だったということも、乗っていた輸送船が撃沈され死んでしまったことも知らされなかった。とにかく、何もかもだ。この話は、戦後生まれの私には理解できない。戦中ならまだしも、戦後になっても知らされなかったなんて。「戦争とはそんなものですよ」という声が聞こえて来るが、私は悔しい。「写真があるのに……」と思わないではいられないのだ。どうにかして、渡すことはできないものか。ずっと、その事が気にかかっていた。

ところが、本書を書くにあたって、「特別攻撃隊全史」（「特攻隊戦没者慰霊顕彰会」出版）を見ていた所、戦没者名簿に第43震洋隊の搭乗員たちの名前があったのだ。思わず、「わかった！」と声を出した。「これを手がかりにすれば、あの写真を渡すことができるかもしれない」と思ったからだ。すぐに、「顕彰会」に問合せの手紙を出した。
「突然の問合せで失礼致します。私はテレビ局時代に、『幻の特攻艇震洋の足跡』というド

キュメンタリーを制作した者です。その折に、第43震洋隊の佐藤芳郎氏（元隊長）にインタビューを致しました。佐藤氏は、搭乗員全員の写真をお持ちでした。出発間際に、『渡してやってくれ』と、川棚で受け取られたそうです。しかし、輸送船は海没。全員が亡くなり、写真を渡すことは出来ませんでした。それから五十年間、佐藤さんは、ずっと写真を持っていらしたのです。隊員の方の住所はもちろん、ご遺族の名前もわからず、そのままになっているとのことでした。この度、『特別攻撃隊全史』の名簿を拝見し、もし、ご遺族のご住所をご存知であれば、教えて頂けないだろうかと、お便りをする次第です」

同時に、佐藤さんにも手紙を出した。しかし、宛先不明で戻って来た。佐藤さんはインタビューの時は七十九歳。ご健在であれば、九十六歳だもの……。「顕彰会」からも、手がかりは無いとの返事だった。遅すぎたのだ。

あの写真はどうなったのだろう。写真の行方が気にかかる。こんな風に、歳月の流れと共に事実は消えていく。もう、戦争の多くの事実が消えてしまった。「震洋特別攻撃隊」は、本当に誰も知らない話になってしまったようだ。でも、私はあの写真を忘れることができない。

エピローグその二「自殺ボート」

戦争末期、特攻艇として六二〇〇隻用意された「震洋艇」は敗戦時には、出撃や海没、爆発事故などにより、二一五〇隻になっていた。それら残存の震洋艇は敗戦と同時に、アメリカ軍の指示で海に沈められ消去された。海軍の曳船や航空機救難艇は海没処分を受けなかったが、特攻艇だけは一隻残らず処分されたという。「特攻」はアメリカ軍にとって目障りであり、危険な存在だったのだ。

それを示す資料が《アメリカ海軍教範》のテキストに残されている。一九四五（昭和二〇）年フィリピン、沖縄で「震洋」と「マルレ」が突撃に成功した直後の五月二十八日に発行されたもので、前書きには「敵は彼の艦隊の大部分を失い、また航空兵力も無力化され、勝利へのわずかな希望を、かの飛行士、船員の熱狂的特攻精神につないでいる」とあり、「震洋」と「マルレ」、「人間魚雷」それぞれの特攻戦術と対抗法を図解入りで教えている。アメリカ軍にとって、海上特攻艇はやはり脅威だったのだ。「震洋」の突撃成功率は低かったが、心理的な効果はあったのかもしれない。

震洋隊があれほどこだわった秘密兵器は、いとも簡単に姿を消してしまった。だが、それは正確では無い。現在も一隻だけ残っているのだ。

どこに……？

オーストラリアに残る震洋艇

場所はオーストラリア・キャンベラにある「戦争記念館」。記念館は、オーストラリアの戦没軍人を追悼する国立の施設で一九四一年に開設された。当初は第一次世界大戦を対象としていたが、それに加えて、現在では第二次世界大戦からベトナム戦争の戦死者までを追悼している。記念館には戦争の記録や、日本軍の零戦、高射砲など、世界の武器、兵器が展示され、キャンベラ市の観光名所になっている。

なんと「震洋艇」は、この記念館の収蔵庫に眠っていたのだ。艇は、ボルネオ・サンダカンに派遣された第6震洋隊の「121」号艇で、現地で武装解除に当ったオーストラリア軍が、「震洋」を「海の神風」と呼び、運んで来たという。

第6震洋隊について少し説明しておくと、震洋隊結成まもなく次々と派遣されたフィリピン部隊に加えて、一隊くらいはボルネオにも置いておこうという判断で、一九四四（昭和一九）年十月に配備された。隊員は樹の枝にテントを張って水上生活をし、艇は「横穴」ではなく、マングローブでカモフラージュして隠したらしい。しかし、アメリカ軍はサンダカンには上陸しなかった。ところが、資料によると、二一七名死亡とある。これは、マニラから加わった水兵を含めての数字であるが、それにしても多い。死因は、マラリアと栄養失調だった。

一七年前の取材時には、艇は展示室では無く収蔵庫の隅に置かれていた。「震洋艇」は、一人乗りの一型で、船体は全長五・一メートル、幅一・六メートル高さ〇・八メートル。緑色の船体の痛みは比較的少なく、当時の姿を止めているが、ベニヤ板の操縦席を見ると余りに粗末で申し訳ないほど気の毒になる。名札には、"Suicide Launch"（自殺ボート）と書いてある。なるほど、「自殺ボート」か。

「自殺ボート」はオーストラリアの片隅で、七四

Suicide Launch

震洋の操縦席

年間何を思っていたのだろう。私は、元特攻隊員達との再会シーンを想像してみる。先ずは、「シンヨウ」にインタビューだ。

「昔の隊員達を覚えていますか」

「シンヨウ」は、何と答えるだろう。戦後七四年の沈黙を破る言葉を元隊員達と共に聞いてみたい。

だが、震洋隊員のほとんどは既に亡い。

主要参考・引用文献

『人間兵器震洋特別攻撃隊』上・下巻（荒井志朗監修、編集震洋会、一九九〇年、図書刊行会）
『震洋発進』（島尾敏雄、一九八七年、潮出版社）
『魚雷艇学生』（島尾敏雄、一九八九年、新潮社）
『出孤島記』（島尾敏雄、一九九二年、ちくま日本文学全集、筑摩書房）
『出発は遂に訪れず』（島尾敏雄、一九九二年、ちくま日本文学全集、筑摩書房）
『その夏の今は』（島尾敏雄、一九八八年、講談社）
『私の文学遍歴』（島尾敏雄、一九六六年、未来社）
『透明な時の中で』（島尾敏雄、一九八八年、潮出版社）
『島尾敏雄全集第一六巻』（島尾敏雄、一九八二年、晶文社）
『死の棘』（島尾敏雄、一九七七年、新潮社）
『日本特攻艇戦史』（木俣滋郎、一九九八年、光人社）
『戦史叢書南西方面海軍作戦』（防衛研修所戦史室、一九七二年、朝雲新聞社）
『池田龍雄の発言——絵画のうしろにあるもの』（池田龍雄、二〇一八年、論創社）
『最後の震洋特攻』（林えいだい、二〇一六年、潮書房光人社）
『特攻——戦争と日本人』（栗原俊雄、二〇一五年、中央公論社）
『特攻体験と戦後』（島尾敏雄・吉田満、二〇一四年、中央公論新社）
『特攻がわかる本』（二〇一三年、綜合図書）
『特別攻撃隊』（特攻隊慰霊顕彰会編、一九九〇年、特攻隊慰霊顕彰会）
朝日新聞コラム「終わりと始まり　令和　ひざまずく先は」（池澤夏樹、二〇一九年六月五日）

あとがき

今年の春は改元騒ぎで大いに賑わった。テレビをつけると、どの局も元号ネタ一色、「令和狂想曲」が日本を席捲。異常ともいえるフィーバーぶりだった。私自身は、西暦派なので、元号にさしたる関心もないが、こんなに一色になってしまう世間が疎ましく、恐ろしくもあった。

そう言いながらも、本書のテーマにした「震洋隊」の足跡をたどる時は、どうしても昭和の元号になってしまう。昭和一九年五月に誕生し、二〇年八月に消えた特攻隊「震洋」。これを一九四四年から一九四五年とすると、なんだかピンと来ない。やはり昭和に始まった太平洋戦争が頭に刷りこまれているからだろうか（本書では、西暦表記を基本にしたが）。どちらにしても、余りにも大きな犠牲を払った戦争だった。

唐突だが、話を二〇一九年三月の福岡市美術館に移す。というのは、ここでイタリアの美術家の作品に釘づけになったからだ。タイトルは「大理石の皮膚——アカシアのとげ」。大理石を思わせる白い画面いっぱいに小さなアカシアの棘が刺さっていた。それが、私には、震洋隊配備の地図に記されたたくさんの基地に重なったのだ。「そうだ、震洋特攻隊の基地には、隊員達の心の棘が刺さったままなのだ」。思い込みだろうか。

戦後七四年たっても決して抜けない戦争の棘。そう言えば、本書のテキストとした島尾敏雄の『震洋発進』にも戦争の棘は残ったままだと書かれていた。

戦闘死でも、餓死でも、病死でもない……、特攻のハチマキを巻いたまま、生き残った兵士たち。その数は二四五〇〇名にも上る。彼らは心に棘を刺したまま、昭和の時代を生き抜いた。棘は見えない。しかし、抜けない。時には疼く。語るに語れないジレンマが日本全土に埋もれた。その上を私達戦後生まれは歩いた。何も知らずに歩いたのだ。日本全土に刺さった棘の上を。そんな昭和と平成が終わった。

元号騒ぎが一息ついた六月の新聞に、池澤夏樹氏の「新元号を考える　令和ひざまずく先は」の一文を読んで「なるほど」と思った。それは、「いくたび元号を変えようとも、変わらない陰の元号がある」。それが「戦後」。

私なら戦後五年生まれ、今年生まれた人は戦後七四年生まれだ。これなら、戦争を忘れない。棘の刺さったままの日本を忘れないだろう。忘れて欲しくない。「誰も知らない特攻」、

「誰も知らない戦争」なんて、もう言わせない。

刊行に当っては、戦争の中でも、「陽の当たらない」テーマを引き受けてくださった「未知谷」の飯島徹氏に改めて深く感謝申し上げる。また、いつもの要領を得ない私を助けてくださった編集実務担当の伊藤伸恵さん、ありがとうございました。

馬場明子

戦後七四年八月

ばば あきこ

1973年県立福岡女子大学卒業後、テレビ西日本入社。アナウンサーを経て制作部ディレクターに。「螢の木」で芸術選奨新人賞受賞。他に、炭坑を舞台にした「コールマインタワー～ある立て坑の物語～」、チェルノブイリを取材した「サマショール」など、ドキュメンタリーを数多く手がける。著書に『螢の木』『筑豊　伊加利立坑物語』『蚕の城』『加納光於と60年代美術』（未知谷）がある。

誰《だれ》も知《し》らない特攻《とっこう》

島尾敏雄の「震洋」体験

2019 年 9 月 20 日初版印刷
2019 年 9 月 30 日初版発行

著者　馬場明子
発行者　飯島徹
発行所　未知谷
東京都千代田区神田猿楽町 2 丁目 5-9　〒 101-0064
Tel. 03-5281-3751 / Fax. 03-5281-3752
［振替］　00130-4-653627

組版　柏木薫
印刷所　ディグ
製本所　難波製本

Publisher Michitani Co, Ltd., Tokyo
Printed in Japan
ISBN 978-4-89642-588-8　C0095

馬場明子の仕事

螢の木

ニューギニア戦線の鎮魂

16万人のうち14万人が飢餓に斃れ、帰らぬ人となった激戦地に、今も彼らの魂が宿り明滅するという「螢の木」がある。この木を記憶する帰還兵の生々しい証言を追ったＴＶドキュメンタリーの取材記録を基に、明らかになる壮絶な人間像。　192頁2000円

筑豊 伊加利立坑物語

炭鉱節の故郷で生まれた、地下658mから石炭を運び出す巨大タワー伊加利立坑。その設計に携わった一人の技術者の記憶をもとにその数奇な運命を辿り、数えきれない政治的矛盾等と、それに立ち向かった人々の闘いを描くドキュメント。　160頁1600円

蚕の城

明治近代産業の核

明治日本近代化の礎として世界遺産に登録された富岡製糸場と絹産業遺産群。その一つ、荒船風穴に代表される技術は近年の遺伝学研究にとってなお重要であった。この産業と学問の黎明期から現在まで。連綿と続くカイコの遺伝学を中心に。160頁1600円

加納光於と 60 年代美術

「金色のラベルをつけた葡萄の葉」を追って

この作品は七枚刷られたのかもしれない…！「７／７」の作品を所有する著者は、突然のひらめきに導かれてＥＤ違いの同じ版画の所在を訪ねる。一筋縄ではいかなかった探索の旅、そして見えてきた60年代の美術——。　208頁＋カラー4枚2200円

未知谷